德州扑克
自学一本通

Texas Hold'em
Self Study Guide

刘立身

电子工业出版社
Publishing House of Electronics Industry
北京·BEIJING

未经许可，不得以任何方式复制或抄袭本书之部分或全部内容。
版权所有，侵权必究。

图书在版编目（CIP）数据

德州扑克自学一本通 / 刘立奥著. -- 北京：电子工业出版社, 2025. 2. -- ISBN 978-7-121-49646-2

Ⅰ. G892.1

中国国家版本馆 CIP 数据核字第 2025EJ2059 号

责任编辑：刘伊菲
印　　刷：三河市兴达印务有限公司
装　　订：三河市兴达印务有限公司
出版发行：电子工业出版社
　　　　　北京市海淀区万寿路 173 信箱　邮编：100036
开　　本：880×1230　1/32　印张：5　字数：88 千字
版　　次：2025 年 2 月第 1 版
印　　次：2025 年 5 月第 2 次印刷
定　　价：50.00 元

凡所购买电子工业出版社图书有缺损问题，请向购买书店调换。若书店售缺，请与本社发行部联系，联系及邮购电话：（010）88254888，88258888。

质量投诉请发邮件至 zlts@phei.com.cn，盗版侵权举报请发邮件至 dbqq@phei.com.cn。

本书咨询联系方式：（010）68161512，meidipub@phei.com.cn。

新手学德州扑克，看得多不如看得懂。在上千万名德州扑克玩家当中，能从理论到实践把这个竞技游戏玩明白，值得被称为高手的玩家只有1%。在数万名德州扑克高手当中，能把德州扑克底层逻辑和实战打法讲清楚，值得被称为教练的高手又只有1%。在数百名教练当中，能寓教于乐，在传授扎实的德州扑克技术的同时不失幽默风趣的，只此奥神一人。本书简单幽默，通俗好懂，是极其适合新手的入门读物。

抖音网红　紧弱于

推荐序二

在翻阅《德州扑克自学一本通》时，我仿佛能听到奥神的声音在耳边响起，讲述着他对德州扑克精髓的理解和策略。作为奥神的学生，我有幸通过这本书深入了解他的德州扑克系统方法。从入门到提高，这本书覆盖了每个阶段，而今我怀着激动的心情，希望通过这篇序言与大家分享这份体验。

《德州扑克自学一本通》不仅仅是一本教学书，书中的每一页都充满了奥神对德州扑克的深刻理解和独到见解。通过这本书，你将学到从基础规则到高级策略的全面知识。无论你是对这个游戏完全陌生的读者，还是刚刚入门的新手，甚至是已经在这个领域有所建树的老手，这本书的内容都会给你带来启示和价值。

作为奥神的学生，我深知这本书的宝贵之处。奥神不仅教会我们如何在牌桌上获胜，更重要的是，他还教会我们如何在游戏中思考和成长。每一章节都像一次深刻的课堂教学，让人受益匪浅。

我强烈推荐这本书给所有希望系统学习德州扑克的人。请允许我以奥神的学生和一位受启发的读者的身份，邀请你通过这本书进入德州扑克的世界。翻开这本书，让这本书成为你旅途中的灯塔，引导你走向成功的彼岸。

抖音大V　AK哥

目录

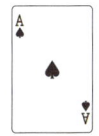

第一章
游戏规则 ——————————1

牌型介绍 / 2

德州扑克术语详解 / 8

开始你的第一手牌 / 17

翻牌 / 20

转牌 / 22

河牌 / 23

摊牌 / 25

新一轮游戏开始 / 25

第二章
翻牌前主动开池 ——————————27

观察对手 / 28

加注好过平跟 / 28

所有人弃牌到小盲 / 33

率先开池的正确尺度 / 35

位置、位置,还是位置! / 37

剥削喜欢平跟的玩家 / 38

多人入池时剥削对手 / 39

德州扑克 自学一本通

第三章
面对一个加注 —— 43
非盲位对抗加注 / 44
筹码顺时针流动 / 46
盲注位置期望值为负 / 47
大盲防守前位的加注 / 48

第四章
牌面 —— 57
神秘数字——1755与184 / 58
被忽视的牌面分级系统 / 58
牌面系统分布情况 / 59
牌面分类 / 61
更加实用的系统性分类 / 66

第五章
玩好扑克的理念 —— 69
抛弃幻想 / 70
盈亏同源 / 71
集中注意力 / 73
GTO策略 / 73
大牌大底池，小牌小底池 / 75
勇于诈唬 / 77
侵略性的价值 / 78
勇于进攻 / 79
紧盯鱼打 / 81

目录

第六章
德州扑克的理论与思维模型 ———— 83

范围和手牌维度 / 84

胜率与权益 / 85

权益实现 / 86

下注频率 / 87

范围的极化程度 / 88

弃牌赢率 / 90

最小防守频率 / 91

权益决定频率 / 92

下注的规模理论 / 93

下注的局部优势理论 / 94

阻挡牌与阻隔效应 / 95

四二法则 / 96

第七章
作出正确的决策 ———————— 99

把问题分类 / 100

翻牌前问题的解决 / 100

翻牌前构建范围的思维模型 / 104

筹码量、筹码量，还是筹码量 / 106

如何记忆表格 / 112

进攻问题的解决 / 113

选择下注手牌类型的基本原则 / 114

挑选强牌的注意事项 / 116

过让中等牌的注意事项 / 117

| **德州扑克** 自学一本通

　　　　挑选诈唬组合的注意事项 / 118
　　　　防守问题的解决 / 123
　　　　分担防守负担 / 124
　　　　多人底池停止全范围下注 / 126
　　　　过牌加注 / 127

　　第八章

　　继续学习研究的建议────────131
　　　　有关德州扑克的书籍 / 132
　　　　有关德州扑克的频道 / 143
　　　　有关德州扑克的软件 / 145

第一章
游戏规则

对于新手玩家来说,认识和记住德州扑克游戏规则是参与游戏的基本要求,也是提高游戏体验、制定策略、减少错误和增强自信心的重要基础。

- 牌型介绍
- 德州扑克术语详解
- 开始你的第一手牌
- 翻牌
- 转牌
- 河牌
- 摊牌
- 新一轮游戏开始

德州扑克 自学一本通

如果你是一个德州扑克小白，本书就是专门为你而写的，教你如何开启自己的德州扑克之路。在这本书中，你会了解到德州扑克的基本知识，并且可以去玩自己的第一手牌。如果你还想学习更多，你可以添加我们的客服微信号dzbest888。

当我们谈论德州扑克时，最受欢迎的类型莫过于无限注德州扑克，这也是我们在电视、电影或视频中最常见到的游戏形式。在本书中，我们将介绍无限注德州扑克的规则和玩法。

玩德州扑克的目标非常简单：要么通过两张手牌和五张公共牌，完成最好的五张牌组合；要么通过策略和心理战术，让对手相信你拥有能获胜的牌，从而弃牌。

牌型介绍

那么什么牌比什么牌大呢？接下来，我们来看一下德州扑克中牌型的大小排序，从最小的牌型开始介绍。

高牌（High Card）：五张牌既没有相同点数，也没有形成顺子或同花，其中最大的单张牌就是高牌。

第一章
游戏规则

一对（One Pair）：两张点数相同的牌。AA是最大的对子，22是最小的对子。在理想情况下，玩家会期待自己至少有一个对子。

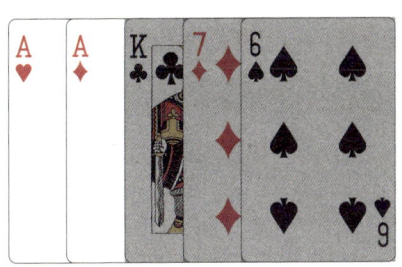

两对（Two Pair）：两对点数相同的牌。两对比一对更大，这很明显。比如下图有一对Q和一对9。

德州扑克 自学一本通

三条（Three of a Kind）：三张点数相同的牌。三条比两对大。

顺子（Straight）：五张点数连续，但花色不同的牌。A可以当顺子里最大的牌，也可以当顺子里最小的牌，但是不能当顺子中间的牌。

第一章
游戏规则

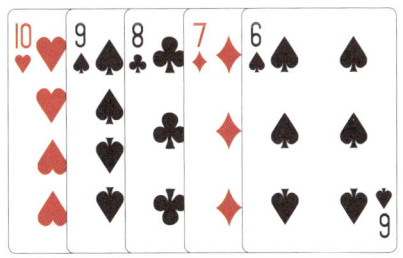

比如，QKA23不可以当作顺子。

同花（Flush）：五张同花色，但点数不连续的牌。

葫芦（Full House）：三张点数一样的牌，带一个对子，也叫三条带一对。这是非常大的牌，但还是不如

四条大。

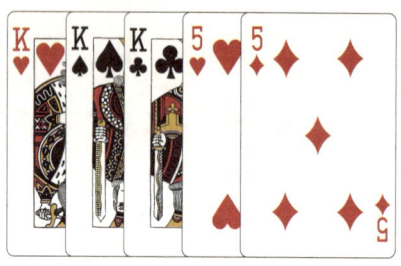

四条（Four of a Kind）：四张点数相同的牌，也被称为金刚。

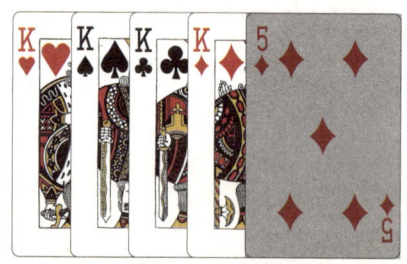

同花顺（Straight Flush）：五张点数连续且花色相同的牌。这是非常少见的牌型。

第一章
游戏规则

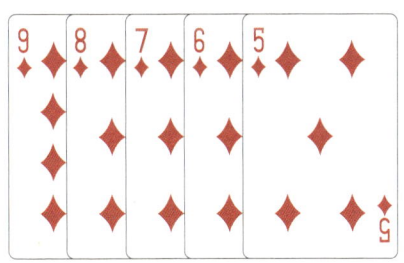

皇家同花顺（Royal Flush）：从10到A的顺子并且花色相同。这是德州扑克中最大的牌型，出现的概率并没有你想象的那么高，大约只有三万分之一。

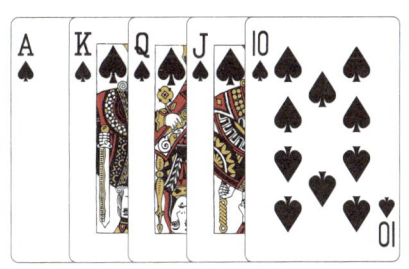

以上就是牌型从小到大的顺序。如果你是一个刚接触德州扑克的小白玩家，在刚开始玩的时候对这些牌型还不熟悉，我的建议是你可以写下来，带在手边随时看一眼。

德州扑克 自学一本通

德州扑克术语详解

在德州扑克的世界中，掌握各种术语是了解游戏和提升水平的关键。以下是德州扑克中常见的术语及部分解释。

位置术语

UTG（Under the Gun）枪口位：大盲位左边的玩家。翻牌前他第一个说话。翻牌后，如果大小盲位[1]不参与底池他还是最先行动。所以这个位置十分不利，仿佛被置于枪口之下。

HJ（Hi-Jack）劫持位

CO（Cut-Off）关煞位

BTN（Button）庄家位或庄位

SB（Small Blind）小盲位

BB（Big Blind）大盲位

概念术语

Action（说话或行动）：一个玩家的行为。在德州扑克中共有七种基本行为：Bet（下注）、Call（跟注）、

---

1 在本书中，根据业界习惯，位置名称有时也指代坐在该位置上的玩家。

第一章
游戏规则

Fold（弃牌）、Check（让牌）、Raise（加注）、Reraise（反加注）、All In（全压）。

Add On（加码）：在有些锦标赛中，玩家有一次机会换得双倍起始筹码，一般发生在锦标赛重购结束后的间歇期。

All In（全压或全下）：用自己的所有筹码下注。

Aggressor（进攻方）

Ante（底注）：锦标赛进行到一定级别后，发牌前参与游戏的玩家须缴纳的筹码，一般为大盲注的10%~25%。

Average Fold（平均弃牌率）

Bad Beat（小概率击败）：优势很大的成牌被一张小概率的出牌击败。

Best Hands（最好的手牌）：一般指可以被当作坚果牌的手牌。

Bet（下注）：第一个投入筹码的行为。

Betting Rounds（下注圈）：每一个牌局可分为四个下注圈。每一圈下注由小盲位开始。包括

    PreFlop Round（翻牌前圈）：公共牌出现以前的下注圈。

Flop Round（翻牌圈）：前三张公共牌出现以后的下注圈。

Turn Round（转牌圈）：第四张公共牌出现以后的下注圈。

River Round（河牌圈）：第五张公共牌出现以后，即摊牌以前的下注圈。

Bet Size（下注尺度）：玩家下注筹码量的多少。

Big Stack（大筹码）：牌局中筹码较多的玩家。

Blinds（盲注）：在每一局开始时，大盲位和小盲位必须缴纳的筹码，这是对玩家的强制性下注要求，以保证每局都有底注可竞争。

Blind Out（盲杀）：由于盲注加大而被拖死。

Blocker（阻挡牌）：使得对手拿到一些手牌的可能性减少，从而影响对手的范围与公共牌组合的拿到的牌。

Bluff（诈唬）：伪装成有大牌，试图迫使对手弃牌而获胜。

Board（桌面）：桌上的五张公共牌。包括

　Flop（翻牌）：前三张公共牌。

　Turn（转牌）：第四张公共牌，也叫第四街。

　River（河牌）：第五张公共牌，也叫第五街。

第一章
游戏规则

Bubble（泡沫）：锦标赛中只需要再淘汰一个人，剩下的人就可以瓜分底池筹码（也称钱圈，Money Pot）。

Button（按钮）：按钮是玩家顺时针轮流持有的一个标志，持有按钮的玩家为这局牌的庄家，每圈下注由庄家左侧的玩家开始，到庄家结束。

Buy In（买入）：参与比赛需要的费用。

Call（跟注）：与其他玩家投入相同量的筹码。

Call Station（跟注站）：形容那些只会跟注，不喜欢加注和弃牌的玩家。

Check（让牌）：采取观望态度，把行动的权力让给其他玩家。

Check Raise（让牌加注）：让牌引诱对手下注后再进行加注。

Combo（手牌组合）：玩家持有的两张手牌的组合。

Connectors（连牌）：点数连续的手牌，比如98、AK、32等。

Cracked（打碎）：当一对漂亮的A被人打败，这一对A就被"打碎"了。

Defender（防守方）

Domination（主导）：两个玩家的手牌有一张相同，

不同的牌中较小的一方就被对方主导。比如持有AQ的玩家被持有AK的玩家主导。

Donk Bet（反主动下注）：翻牌前的跟注者进入翻牌圈后，在没有位置优势的情况下采用向翻牌前的公开加注者主动下注的打法。

Draw（抽牌或听牌）：差一张或几张牌就可以形成一手很强的牌，比如手牌是K♥8♥，翻牌是4♥7♥4♣，那么就可以说抽一张红桃。

Drawing Dead（听死）：无论发出什么牌，都已经被击败了。

Effective Stack（有效筹码）：两个玩家在游戏中筹码量少的一方的筹码量。

Expected Value，EV（期望值）：一个随机变量长期的期望值，可以理解成一个决策在长期游戏中预计能够带来的效益。

Equity（底池权益/胜率）：基于双方的手牌和当前的公共牌面，自己的手牌赢得底池和平分底池的机会的比率。

Fish（鱼）：菜鸟，初学者。

Fold（弃牌）：扔掉手牌，放弃这一局牌。

Grinder（磨磨机）：格外小心，一点一点"磨"出成

第一章
游戏规则

绩来的玩家。

Heads Up（单挑）：两个玩家一对一的游戏形式。

ICM（独立筹码模型）：德州扑克锦标赛中使用的一个重要工具，用于确定每个筹码对于比赛底池的价值。

In Position，IP（有利位置）：游戏中靠后行动的玩家所在的位置。

Kicker（边牌或踢脚）：如果两个玩家有相同的对子、三条等，则拥有较大的边牌（不成对的最大的那张牌）的玩家获胜，把对手"踢开"。

Late Position（后位）：庄家以及庄家右侧的玩家。

Lead（领先下注）：处在不利位置的玩家在跟注后的下一轮发牌后抢先下注。

Limp（平跟）：在翻牌前玩家跟注一个大盲进入游戏。

Low Pair（低对）：玩家持有的手牌击中公共牌最小的对子。

Margin Hand（边缘牌）：AT、KJ这种容易被主导的手牌。

Monster（大牌）：一手很强大的牌。

MTT（多桌锦标赛）：一种对扑克结构和规则有特定要求的游戏。玩家最终目的是淘汰所有对手，赢得所有筹码。游戏的总奖金按照一定比例分配给获胜者。

Multiway Pot（多人底池）：三个或三个以上玩家共同进入翻牌后争夺底池的游戏。

Nuts（坚果牌）：当前局面可能出现的最强的牌，比如公共牌是K♥9♥6♥2♥5♣，那么有A♥的玩家就有坚果牌。

On Tilt（失控）：玩家情绪失控开始胡玩。

Outs（出牌）：可以使玩家获胜的公共牌，比如一个玩家有一对K，对方有一对A，那么未发出的两个K就是拿着一对K的玩家的出牌。

OOP（不利位置）：游戏中先行动的玩家所在的位置。

Over Pair（超对）：玩家手牌对子的点数比桌面公共牌中最大的牌还大就称为超对，比如翻牌是K97，那么AA就是超对。

Pocket Pair（口袋对）：两张点数相同的手牌，比如AA、KK、77、22可以称作口袋A、口袋K、口袋7、口袋2。

Position（位置）：一个玩家相比于按钮位的位置。随着按钮位的变化，每个人的位置也跟着变动。

EP（前位）：在九人桌中指翻牌后首先行动的三个位置。

第一章
游戏规则

MP（中位）：在九人桌中指中间行动的二个位置，即LJ（低劫持位）与HJ（高劫持位）。

LP（后位）：在九人桌中指最后行动的两个位置，即关煞位与按钮位。

Pot（底池）：每一个牌局里玩家已下注的筹码总额。

Rainbow（彩虹牌）：公共牌没有花色相同的两张牌，比如翻牌为K♣7♠5♥，我们就可以说这个翻牌是个彩虹牌。

Raise（加注）：在前面玩家下注的基础上再增加下注量。

Reraise（反加注）：在前面玩家加注的基础上再增加下注量。

Rock（岩石）：形容那些玩得特别稳，没牌就弃牌，很少诈唬的玩家。

Set（暗三）：在拿着一个口袋对子的情况下发出一张与口袋对子点数相同的公共牌凑成的三条。由于比较隐蔽，因此被称为暗三。

Semi-Bluf（半诈唬）：玩家手中的牌并非很好，但有希望在公共牌翻出后形成好牌，于是通过下注或加注诈唬对手。即使对手跟注，最后也有通过比牌的大小而获胜的机会。

Showdown（摊牌）：在最后一圈压注后仍然有两个或两个以上玩家，玩家就得通过摊牌比较成手牌大小判断胜负。

Side Pot（边池）：当有人全压而另一个筹码较少的玩家跟注的时候，通常会形成一个边池，筹码较少的玩家不参与这个边池里筹码的竞争。比如两个有2000个筹码的玩家全压，另一个有1500个筹码的玩家跟注，500×2个筹码就形成边池，有1500个筹码的玩家不参与竞争这个边池。

Stack（筹码量）：玩家持有的筹码总量。在某些场合，筹码量用其与大盲或底池的倍数来表示，叫筹码深度。

Starting Hand（起手牌、手牌）：也称底牌。

Steam（七窍生烟）：指玩家由于愤怒开始胡玩。

Suited（同花）：花色相同的手牌，花色不同的手牌叫Off-Suited。

T（10）：Ten的缩写，指扑克牌里的10。

Tell（马脚或习惯动作）：一个玩家的习惯动作。比如一个玩家拿到好牌的时候会向后仰，那么这就是他的习

第一章
游戏规则

惯动作。

Value（价值）：玩家用较大的牌赢对手较小的牌，可以拿到对手支付的更多的筹码，价值就大。

Win Rate（赢率）：玩家获胜的概率。

Weak Hands（弱的手牌）：一般指底池权益较小，但又有一定摊牌价值的手牌。

这些术语涵盖了德州扑克中最常见和重要的概念，了解这些术语，是迈进德州扑克世界的重要一步。

 开始你的第一手牌

在德州扑克游戏中，一手牌到底是如何进行的呢？我们先从桌子上最重要的三个位置说起。

庄位（BTN）：在德州扑克中，有一个关键位置被称为庄位，也被叫作按钮位。庄位的左侧是小盲位（SB）和大盲位（BB）。在发牌前，小盲位和大盲位必须先将筹码投入底池，这是强制性支付的盲注，因此得名盲位。

| 德州扑克 | 自学一本通 |

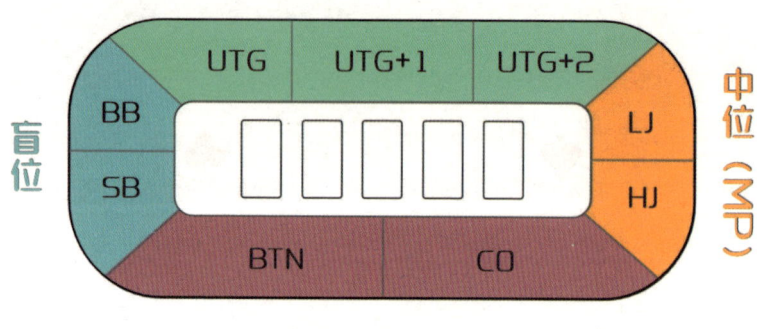

大盲位（BB）：支付当前游戏规定的最小下注额（大盲注）。

小盲位（SB）：支付大盲注的一半（小盲注）。

然后荷官从庄位的左侧第一位玩家开始，按顺时针方向发牌。

如果你参加的是线上扑克比赛，发牌由系统自动完成；如果你私下与朋友玩，标准做法是由庄位负责发牌。

当每个人都拿到两张牌，也就是手牌之后，第一轮下注开始。由于小盲位和大盲位已经被强制下注了，所以第一个说话（行动）的人就是他们最左边的人。这个人需要根据他拿到的两张牌来做决定，他可以选择以下操作。

第一章
游戏规则

弃牌（Fold）：放弃手中的牌，不再参与本轮游戏。

跟注（Call）：支付与大盲注相同的筹码，继续参与游戏。

加注（Raise）：提高下注额，下注额最小为大盲注的两倍。最大的数额就要看游戏的类型了。如果你玩的是无限注德州扑克，那就没什么最大数额了，玩家可以选择全压，即将所有筹码投入底池。

如果他选择加注，后续的其他人如果还想继续玩的话，就必须下注跟他一样的数额。

如果有玩家加注，而其他所有玩家都弃牌，这一手牌就结束了。为了更好地理解，让我们假设有玩家加注，并且至少有一位玩家跟注，这样就会进入下一个下注轮，我们就可以看到翻牌了。

德州扑克 自学一本通

翻牌

在有玩家跟注之后，第一轮下注结束，接下来进行翻牌。荷官会在桌面上发出并翻开三张牌，这些牌所有玩家都可见，也叫公共牌，所有玩家可以利用这些公共牌与自己的两张手牌进行组合。也就是说，现在每个人都有五张牌了（两张手牌+三张公共牌）。

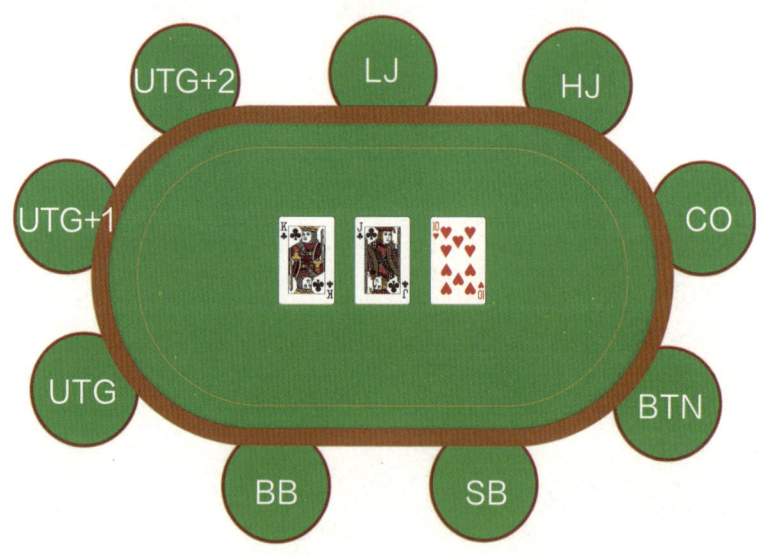

在翻牌之后，进入第二轮下注。此时，第一个行动的玩家是最靠近庄家左边的玩家。由于这一轮不存在强制下

第一章
游戏规则

注，这位玩家不需要被强制投筹码到底池了，他可以免费过牌。接着就轮到下一位玩家行动了，他也可以选择过牌或下注。

下注轮的基本行动总结

我们来总结一下下注轮有哪些基本行动。

过牌（Check）：如果没有人下注，玩家可以选择不下注，让下一位玩家行动。过牌表示该玩家不想下注，但也不放弃手牌，等其他人行动后，再决定自己该怎么做。

下注（Bet）：投入一定数量的筹码到底池，开启新一轮的下注。

跟注（Call）：跟随前一位玩家的下注数额下注，继续参与游戏。

加注（Raise）：在已有下注基础上增加下注数额。

弃牌（Fold）：放弃手中的牌，不想跟注前面玩家的下注，把手牌丢掉，底池也不要了，不再参与本轮游戏。

★ **重要提示**

记住，如果前面有人下注，玩家不能选择过牌，只能选择跟注、加注或弃牌。如果你不想再往底池里投筹码的话，你只能选择弃牌。

如果所有玩家都过牌，表示当前轮次没有人下注，进入下一轮发牌。

 ## 转牌

第二轮下注结束后，如果底池中还有至少两名玩家，荷官会在桌面上再发一张明牌，这张牌叫作转牌。转牌发出后，游戏进入第三轮下注，流程与前两轮相同。

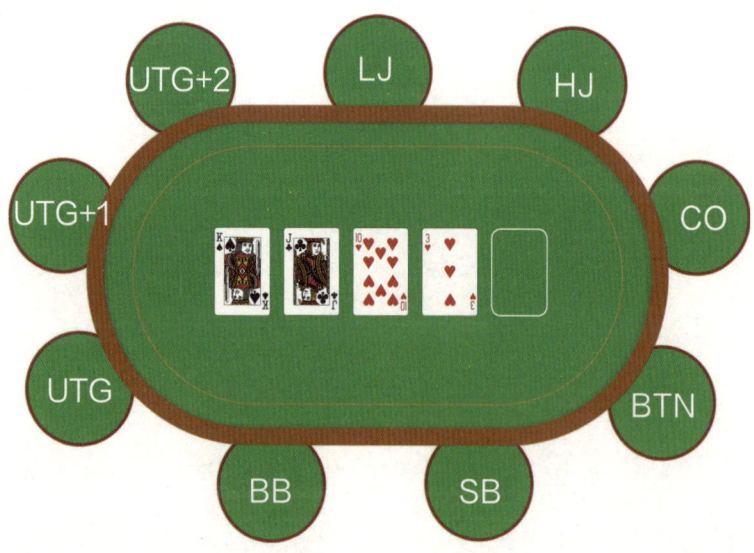

第一章
游戏规则

现在每位玩家就有六张牌了（两张手牌+四张公共牌），他们可以从中选择五张牌来组成最大的牌。

 河牌

第三轮下注结束后，荷官就会发出最后一张公共牌，叫作河牌。

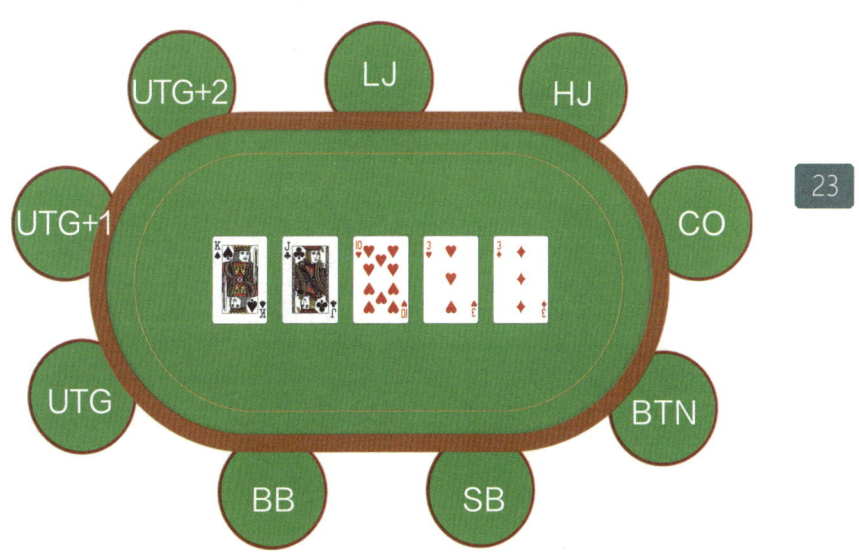

这时每个人有七张牌可用（两张手牌+五张公共牌）。

| 德州扑克 | 自学一本通

牌型组合

记住，游戏的目标是组合出最大的五张牌，可以是两张手牌+三张公共牌，也可以是一张手牌+四张公共牌，甚至可以是五张公共牌，这也叫作打牌面。

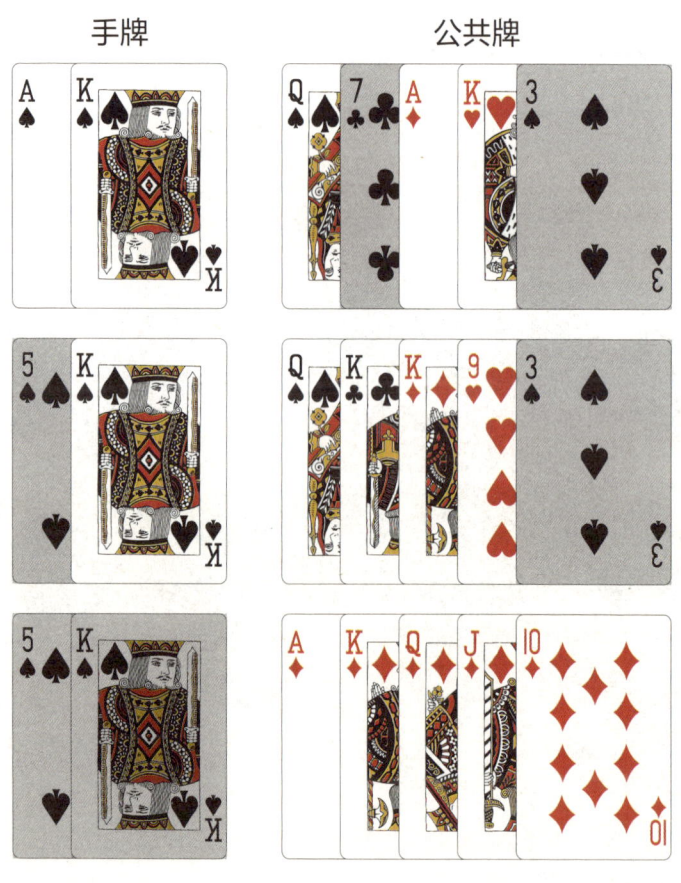

第一章
游戏规则

 ## 摊牌

最后一轮下注结束后,仍留在游戏中的玩家进入摊牌阶段。每位玩家展示自己的手牌,利用两张手牌和五张公共牌组成最大的五张牌。如果你组成的牌比其他玩家大,你就赢走了底池的全部筹码。

 ## 新一轮游戏开始

这手牌结束后,按钮位会往左移一个位置。也就是说,大盲位和小盲位也会按照顺时针的方向,往前挪一个位置。这样,我们就可以开始下一手牌了。

至此,你已经知道了游戏的基本规则,也知道在牌桌上需要做什么了。

德州扑克 自学一本通

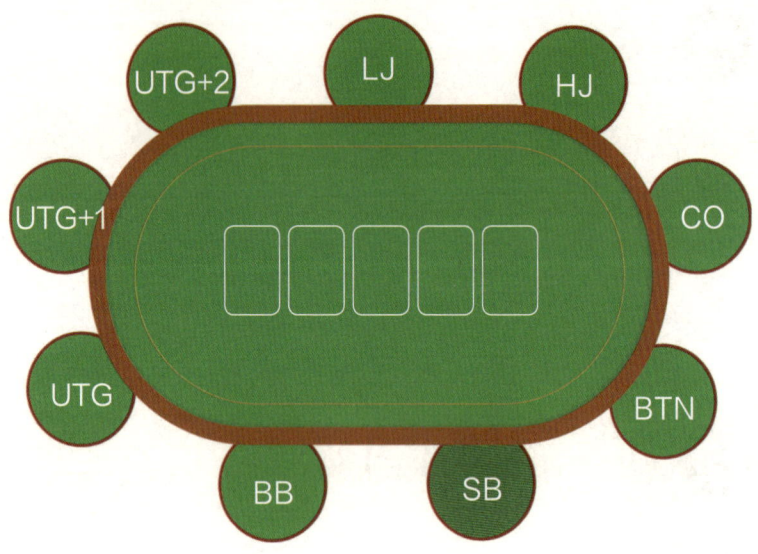

第二章
翻牌前主动开池

主动开池是德州扑克中非常重要的策略，它不仅有助于玩家建立筹码优势、塑造形象、利用位置优势，还可以施压对手和获取关键信息。然而，主动开池也需要注意起手牌选择、下注尺度、位置利用和牌桌动态等多个方面。

○ 观察对手

○ 加注好过平跟

○ 所有人弃牌到小盲

○ 率先开池的正确尺度

○ 位置、位置，还是位置！

○ 剥削喜欢平跟的玩家

○ 多人入池时剥削对手

观察对手

看手牌前,观察对手很重要。是对手全部弃牌到我们,还是前面有加注者?这些决定了我们翻牌前制定策略的思路。只看着自己的牌玩而不看对手的行动是愚蠢的,这就像解数学题不看已知条件一样。

在现场游戏时,轮到我们行动之前最好保持安静并不看牌。如果牌发下来就看牌,就会错过观察对手的行动及其看牌时表情神态等马脚的时机。新手往往在牌不好时就表现得懊恼沮丧,牌好时就兴奋异常。

加注好过平跟

当自己第一个进入底池时,很多人喜欢平跟溜入底池,多数情况下这被证明是错误的。在AI(人工智能)出现之前,认为这样做不好的理由如下:

- 缺乏攻击性。
- 让大盲位玩家无风险地进入底池。
- 后面玩家一旦加注,我们就陷入没有位置优势的游戏当中。

第二章
翻牌前主动开池

这些观点在出现AI后也被证明是正确的，现举两个例子。

游戏类型：常规桌，没有Ante，100BB，6Max

UTG率先加注（GTO[1]结论）

AA	AKs	AQs	AJs	ATs	A9s	A8s	A7s	A6s	A5s	A4s	A3s	A2s
AKo	KK	KQs	KJs	KTs	K9s	K8s	K7s	K6s	K5s	K4s	K3s	K2s
AQo	KQo	QQ	QJs	QTs	Q9s	Q8s	Q7s	Q6s	Q5s	Q4s	Q3s	Q2s
AJo	KJo	QJo	JJ	JTs	J9s	J8s	J7s	J6s	J5s	J4s	J3s	J2s
ATo	KTo	QTo	JTo	TT	T9s	T8s	T7s	T6s	T5s	T4s	T3s	T2s
A9o	K9o	Q9o	J9o	T9o	99	98s	97s	96s	95s	94s	93s	92s
A8o	K8o	Q8o	J8o	T8o	98o	88	87s	86s	85s	84s	83s	82s
A7o	K7o	Q7o	J7o	T7o	97o	87o	77	76s	75s	74s	73s	72s
A6o	K6o	Q6o	J6o	T6o	96o	86o	76o	66	65s	64s	63s	62s
A5o	K5o	Q5o	J5o	T5o	95o	85o	75o	65o	55	54s	53s	52s
A4o	K4o	Q4o	J4o	T4o	94o	84o	74o	64o	54o	44	43s	42s
A3o	K3o	Q3o	J3o	T3o	93o	83o	73o	63o	53o	43o	33	32s
A2o	K2o	Q2o	J2o	T2o	92o	82o	72o	62o	52o	42o	32o	22

■ 加注　　■ 弃牌

---

[1] GTO（Game Theoretic Optimal）即博弈论最优。详见第五章。

BTN（GTO 结论）

AA	AKs	AQs	AJs	ATs	A9s	A8s	A7s	A6s	A5s	A4s	A3s	A2s
AKo	KK	KQs	KJs	KTs	K9s	K8s	K7s	K6s	K5s	K4s	K3s	K2s
AQo	KQo	QQ	QJs	QTs	Q9s	Q8s	Q7s	Q6s	Q5s	Q4s	Q3s	Q2s
AJo	KJo	QJo	JJ	JTs	J9s	J8s	J7s	J6s	J5s	J4s	J3s	J2s
ATo	KTo	QTo	JTo	TT	T9s	T8s	T7s	T6s	T5s	T4s	T3s	T2s
A9o	K9o	Q9o	J9o	T9o	99	98s	97s	96s	95s	94s	93s	92s
A8o	K8o	Q8o	J8o	T8o	98o	88	87s	86s	85s	84s	83s	82s
A7o	K7o	Q7o	J7o	T7o	97o	87o	77	76s	75s	74s	73s	72s
A6o	K6o	Q6o	J6o	T6o	96o	86o	76o	66	65s	64s	63s	62s
A5o	K5o	Q5o	J5o	T5o	95o	85o	75o	65o	55	54s	53s	52s
A4o	K4o	Q4o	J4o	T4o	94o	84o	74o	64o	54o	44	43s	42s
A3o	K3o	Q3o	J3o	T3o	93o	83o	73o	63o	53o	43o	33	32s
A2o	K2o	Q2o	J2o	T2o	92o	82o	72o	62o	52o	42o	32o	22

■ 加注　　■ 弃牌

有些人会认为，在有Ante的游戏中，AI就会选择平跟入池，这也是错误的，现举两个例子。

第二章
翻牌前主动开池

游戏类型：100BB带Ante，8Max（常规桌有前注/锦标赛前期）

UTG（GTO 结论）

AA	AKs	AQs	AJs	ATs	A9s	A8s	A7s	A6s	A5s	A4s	A3s	A2s
AKo	KK	KQs	KJs	KTs	K9s	K8s	K7s	K6s	K5s	K4s	K3s	K2s
AQo	KQo	QQ	QJs	QTs	Q9s	Q8s	Q7s	Q6s	Q5s	Q4s	Q3s	Q2s
AJo	KJo	QJo	JJ	JTs	J9s	J8s	J7s	J6s	J5s	J4s	J3s	J2s
ATo	KTo	QTo	JTo	TT	T9s	T8s	T7s	T6s	T5s	T4s	T3s	T2s
A9o	K9o	Q9o	J9o	T9o	99	98s	97s	96s	95s	94s	93s	92s
A8o	K8o	Q8o	J8o	T8o	98o	88	87s	86s	85s	84s	83s	82s
A7o	K7o	Q7o	J7o	T7o	97o	87o	77	76s	75s	74s	73s	72s
A6o	K6o	Q6o	J6o	T6o	96o	86o	76o	66	65s	64s	63s	62s
A5o	K5o	Q5o	J5o	T5o	95o	85o	75o	65o	55	54s	53s	52s
A4o	K4o	Q4o	J4o	T4o	94o	84o	74o	64o	54o	44	43s	42s
A3o	K3o	Q3o	J3o	T3o	93o	83o	73o	63o	53o	43o	33	32s
A2o	K2o	Q2o	J2o	T2o	92o	82o	72o	62o	52o	42o	32o	22

■ 加注　　■ 弃牌

BTN（GTO 结论）

AA	AK₅	AQ₅	AJ₅	AT₅	A9₅	A8₅	A7₅	A6₅	A5₅	A4₅	A3₅	A2₅

(加注 / 弃牌 范围图)

■ 加注　　■ 弃牌

结论：在深筹码的游戏中，第一个进入底池就永远要加注！

尝试着这样做，我们会获得如下好处：

- 限制对手的入池范围。
- 让松玩家入池付出更大代价。
- 更容易评估对手的手牌。
- 让对手判断我们的手牌更为困难。
- 无风险地赢得盲注。

第二章
翻牌前主动开池

所有人弃牌到小盲

小盲的位置比较特殊，因为已经被迫投入半个大盲，所以只需要再投入半个大盲就可以有机会进入底池，此时我们的策略选择更加多样。在小盲位应该如何游戏，要看我们处在什么游戏类型中。

在没有Ante的游戏中，弃牌到小盲位的我们时，我们仍可以仅选择加注入池。以下是AI给我们的建议。

SB（GTO 结论）

AA	AKs	AQs	AJs	ATs	A9s	A8s	A7s	A6s	A5s	A4s	A3s	A2s
AKo	KK	KQs	KJs	KTs	K9s	K8s	K7s	K6s	K5s	K4s	K3s	K2s
AQo	KQo	QQ	QJs	QTs	Q9s	Q8s	Q7s	Q6s	Q5s	Q4s	Q3s	Q2s
AJo	KJo	QJo	JJ	JTs	J9s	J8s	J7s	J6s	J5s	J4s	J3s	J2s
ATo	KTo	QTo	JTo	TT	T9s	T8s	T7s	T6s	T5s	T4s	T3s	T2s
A9o	K9o	Q9o	J9o	T9o	99	98s	97s	96s	95s	94s	93s	92s
A8o	K8o	Q8o	J8o	T8o	98o	88	87s	86s	85s	84s	83s	82s
A7o	K7o	Q7o	J7o	T7o	97o	87o	77	76s	75s	74s	73s	72s
A6o	K6o	Q6o	J6o	T6o	96o	86o	76o	66	65s	64s	63s	62s
A5o	K5o	Q5o	J5o	T5o	95o	85o	75o	65o	55	54s	53s	52s
A4o	K4o	Q4o	J4o	T4o	94o	84o	74o	64o	54o	44	43s	42s
A3o	K3o	Q3o	J3o	T3o	93o	83o	73o	63o	53o	43o	33	32s
A2o	K2o	Q2o	J2o	T2o	92o	82o	72o	62o	52o	42o	32o	22

■ 加注　　■ 弃牌　　■ 跟注

由于赔率的关系，我们可以看到，很多牌既可以加注，也可以跟注。

大部分的手牌组合还是加注的频率更高。如果我们想要简化决策，也可以仅仅在加注和弃牌之间做选择，这是大部分高手采用的，也是非常不错的策略。

SB（8Max带Ante）（GTO结论）

AA	AKs	AQs	AJs	ATs	A9s	A8s	A7s	A6s	A5s	A4s	A3s	A2s
AKo	KK	KQs	KJs	KTs	K9s	K8s	K7s	K6s	K5s	K4s	K3s	K2s
AQo	KQo	QQ	QJs	QTs	Q9s	Q8s	Q7s	Q6s	Q5s	Q4s	Q3s	Q2s
AJo	KJo	QJo	JJ	JTs	J9s	J8s	J7s	J6s	J5s	J4s	J3s	J2s
ATo	KTo	QTo	JTo	TT	T9s	T8s	T7s	T6s	T5s	T4s	T3s	T2s
A9o	K9o	Q9o	J9o	T9o	99	98s	97s	96s	95s	94s	93s	92s
A8o	K8o	Q8o	J8o	T8o	98o	88	87s	86s	85s	84s	83s	82s
A7o	K7o	Q7o	J7o	T7o	97o	87o	77	76s	75s	74s	73s	72s
A6o	K6o	Q6o	J6o	T6o	96o	86o	76o	66	65s	64s	63s	62s
A5o	K5o	Q5o	J5o	T5o	95o	85o	75o	65o	55	54s	53s	52s
A4o	K4o	Q4o	J4o	T4o	94o	84o	74o	64o	54o	44	43s	42s
A3o	K3o	Q3o	J3o	T3o	93o	83o	73o	63o	53o	43o	33	32s
A2o	K2o	Q2o	J2o	T2o	92o	82o	72o	62o	52o	42o	32o	22

■ 加注　　■ 弃牌　　■ 跟注

第二章
翻牌前主动开池

一旦游戏类型有了Ante，小盲跟注进池的赔率更加合适。有了Ante以后，要以平跟为主，不能以加注为主。如果你要参与有Ante的游戏或者参加大型锦标赛，熟悉并掌握这张表格是必须的。这会有些困难，但相信你一定能记住它。加油！

率先开池的正确尺度

以下是菲尔戈登在他的《德州扑克小绿皮书》中推荐的加注尺度。

我的位置	加注
前段位置	2.5~3倍
中段位置	3~3.5倍
后段位置	3.5~4倍
小盲位	3倍

在那个没有AI的时代，通常认为后位比前位应该加注得更多，这样更有机会直接拿下底池，即使被跟注也能保证在有位置优势时与对手进行大底池的博弈。3BB左右的加注尺度也是无AI时代的标准。2005年就能悟出如此深刻的

道理，我们无法用言语来恰当形容这位作家的伟大。

然而，这种结论有一定道理，却也并不完全正确。随着算法与芯片技术的进步，AI能通过误差更小的计算来几乎确定每种博弈关系下最佳的加注尺度。

以下是在100BB没有Ante时，AI建议我们的加注尺度。

率先加注（RFI）				
UTG	HJ	CO	BTN	SB
2BB	2BB	2.3BB	2.5BB	3BB

在有Ante、100BB的筹码深度下，AI只推荐用2.3BB开池。

想知道更多情况下的加注与下注尺度，你还需要更加完整的范围表，这是现代玩家不可或缺的学习工具。鉴于篇幅有限，你可以加我助理的微信gto2050获取完整范围表。

随着时代的发展，我们更加意识到位置与筹码深度的重要性！这是我们理解为何加注尺度在随着时代而变化的钥匙。

第二章
翻牌前主动开池

位置、位置，还是位置！

在德州扑克中，有一个好的位置至关重要！

好的位置就是指在每个回合都可以后行动，这样就免费获得了先行动的对手的信息。

好的位置相比于差的位置有如下明显的好处：

- 在决定下注前，能看到对手的所有行动。
- 如果对手过牌，自己随后过牌一定能进入下一圈次。
- 在河牌圈，如果对手过牌，自己随后过牌一定能进入摊牌。
- 在拿到大牌时，不需要纠结是否进行价值下注，因为一旦过牌，就进入下一条街，失去了价值下注的机会。
- 在拿到小牌时，一旦对手下注，自己可以轻松弃牌，不用纠结是否需要诈唬。而一旦对手过牌示弱，自己诈唬的成功率则有可能显著上升。

在我十几年前学牌的过程中，我的老师就不断地和我强调位置的重要性，所有的书籍资料也都强调位置的重要性。尽管如此，站在今天的视角，我仍然觉得那时候的高手对位置的重要性认识得严重不足。

在现今较为激进的游戏环境之中，玩家能通过摊牌赢下底池的机会越来越少，通过下注、加注甚至全压获取底池的情况越来越多，在翻牌前就尽量保持一个好的位置变得尤为重要，这能给翻牌后的博弈奠定重要的根基。可以毫不夸张地说，玩牌就是玩位置！

剥削喜欢平跟的玩家

当对手在前面位置平跟而不是加注进入底池时，我们可以在有利位置做一个加注来攻击对手。前文已经提到平跟进场的坏处就是会陷入不利的博弈关系之中。

当我们加注攻击对手时，他如果弃牌则意味着他白白损失了平跟的一个大盲，如果跟注则要在不利位置和我们在翻牌后继续游戏，不管怎样对他都不怎么有利。

如果他面对我们的加注再加回来和我们争夺主动权，这时候我们就要注意小心应对了。首先要分析他的范围组成是否只有大牌。我遇到过很多玩家喜欢用大牌埋伏，一旦对手加注就再加注回来，从而做大底池。面对这样的对手我们要多弃掉一些AJo、QKo这些容易被对手主导的组合，可以多跟注一些小对子、78s这些小牌来和对手纠

第二章
翻牌前主动开池

缠。由于对手没有加注而是平跟进池，此时的底池仍然可控，我们应该多利用有利位置纠缠对手，以期待把对手的大牌清空。

如果对手的平跟-再加注范围十分宽泛，并不只是有大牌，我们则可以在用宽范围纠缠的基础上增加一些4Bet诈唬来攻击对手，让对手进退失据。

多人入池时剥削对手

前面我们介绍了剥削喜欢平跟的玩家的思路，很多人会把这种思路迁移到有很多玩家入底池的情况，这是错误的。

要知道每个进池的玩家就算范围不强也有比较高的胜率，AA在面对一位手牌随机的玩家时赢率高达85%。

而面对五位手牌随机的玩家时赢率则不足50%。

德州扑克 自学一本通

	起手牌范围	赢率
MP2	AA	49.27%
MP3	随机	10.10%
CO	随机	10.12%
BU	随机	10.18%
SB	随机	10.15%
BB	随机	10.17%

如果把这种推理上升到范围对范围的话更是如此。一个紧的范围（99+，ATs+，KTs+，QJs，AQo+）面对一个随机范围的赢率是70%左右。

	起手牌范围	赢率
MP2	99+,ATs+,KTs+,QJs,AQo+	69.92%
MP3	随机	30.08%

而面对五个随机范围的赢率只有31%左右。

第二章
翻牌前主动开池

	起手牌范围	赢率
MP2	99+,ATs+,KTs+,QJs,AQo+	30.99%
MP3	随机	13.80%
CO	随机	13.81%
BU	随机	13.78%
SB	随机	13.79%
BB	随机	13.82%

这就意味着在多人进入底池时我们需要更强的手牌才有资格剥削对手。

更重要的原因是，**当进入底池的人数变多时我们的位置优势会大幅度降低！**当只有两人进入底池时，有位置优势代表着在每条街都有绝对的信息优势，但当人数增加后，我们面对下注则有可能处在夹心饼干的不利位置！

当进入底池的人数变多时，在翻牌前请更谨慎地处理边缘牌！

第三章
面对一个加注

面对不同位置和情况时策略选择至关重要。非盲位玩家应利用位置优势灵活应对,而盲位玩家需谨慎选择手牌并根据对手行动调整策略。由于筹码顺时针流动,盲注期望值通常为负,因此需要更谨慎。大盲防守前位加注时,应平衡跟注和加注策略,以最大化权益。

○ 非盲位对抗加注

○ 筹码顺时针流动

○ 盲注位置期望值为负

○ 大盲防守前位的加注

德州扑克 自学一本通

非盲位对抗加注

当对手加注而我们在后位的时候，我们有两种策略：第一种是再加注回去（3Bet），第二种是平跟。

如果加注者在前位，我们也在前位，例如，HJ vs LJ，我们应该更多地3Bet回去，避免后位玩家进来，从而降低自己的位置劣势。

AA	AKs	AQs	AJs	ATs	A9s	A8s	A7s	A6s	A5s	A4s	A3s	A2s
AKo	KK	KQs	KJs	KTs	K9s	K8s	K7s	K6s	K5s	K4s	K3s	K2s
AQo	KQo	QQ	QJs	QTs	Q9s	Q8s	Q7s	Q6s	Q5s	Q4s	Q3s	Q2s
AJo	KJo	QJo	JJ	JTs	J9s	J8s	J7s	J6s	J5s	J4s	J3s	J2s
ATo	KTo	QTo	JTo	TT	T9s	T8s	T7s	T6s	T5s	T4s	T3s	T2s
A9o	K9o	Q9o	J9o	T9o	99	98s	97s	96s	95s	94s	93s	92s
A8o	K8o	Q8o	J8o	T8o	98o	88	87s	86s	85s	84s	83s	82s
A7o	K7o	Q7o	J7o	T7o	97o	87o	77	76s	75s	74s	73s	72s
A6o	K6o	Q6o	J6o	T6o	96o	86o	76o	66	65s	64s	63s	62s
A5o	K5o	Q5o	J5o	T5o	95o	85o	75o	65o	55	54s	53s	52s
A4o	K4o	Q4o	J4o	T4o	94o	84o	74o	64o	54o	44	43s	42s
A3o	K3o	Q3o	J3o	T3o	93o	83o	73o	63o	53o	43o	33	32s
A2o	K2o	Q2o	J2o	T2o	92o	82o	72o	62o	52o	42o	32o	22

■ 加注　　■ 弃牌

100BB，HJ vs LJ

第三章
面对一个加注

当对手在前位而我们在后位时，例如，BTN vs HJ，由于我们有位置优势，因而可以更多地跟注，更少地3Bet反加注。

■ 加注　■ 弃牌　■ 跟注

100BB，BTN vs HJ

当对手在后位我们也在后位时，例如，BTN vs CO，策略与后位对前位差不多。由于对手范围更宽、更易被攻击，我们可以适当放宽手牌范围与再加注（3Bet）范围。

德州扑克 自学一本通

AA	AKₛ	AQₛ	AJₛ	ATₛ	A9ₛ	A8ₛ	A7ₛ	A6ₛ	A5ₛ	A4ₛ	A3ₛ	A2ₛ

(表格)

■ 加注　　■ 弃牌　　■ 跟注

100BB，BTN vs CO

筹码顺时针流动

由于在好位置玩牌有诸多优势，牌桌上的筹码有顺时针流动的倾向，因此我们可以根据这种倾向选择玩牌时机，更加针对上家，更加躲避下家，来达到胜利的目的。这种选择应该在翻牌前就开始。多注意观察你的上家，如

第三章
面对一个加注

果他玩得很差，那么恭喜你，今晚可以大杀四方了！

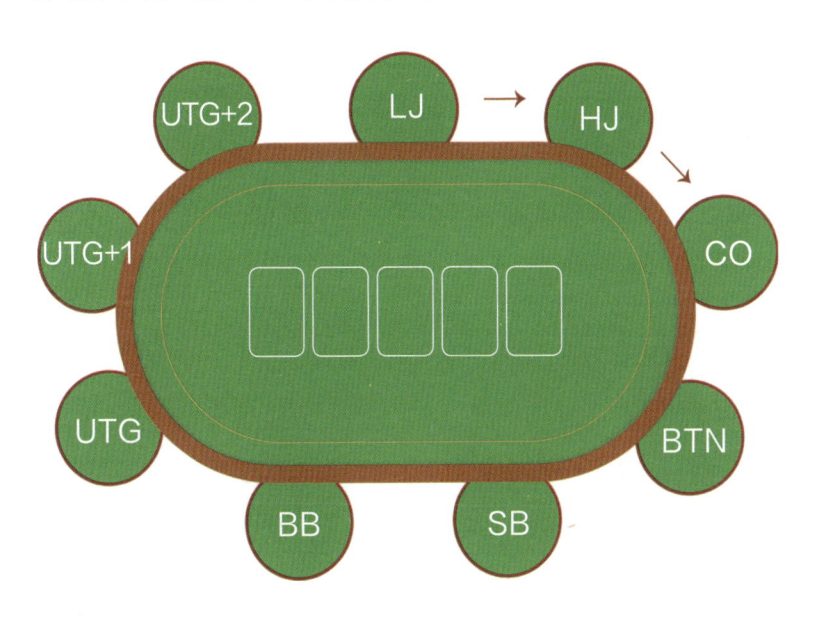

盲注位置期望值为负

在翻牌前，盲注位置非常差，不仅仅是因为没有位置优势，而且还被迫要在看牌前投入盲注。从长期来看，在大盲注位置的玩家是负收益的，因此需要尽可能降低损失，以期望在其他位置时的收益能大过在盲注位置时的损失。

不要担心！游戏是公平的，当其他人在盲注位置的时候拿下他吧。

大盲防守前位的加注

大盲防守前位加注的目的是降低损失。从长期来看，只要跟注后的损失小于1BB（弃牌的损失），就应该跟注进行游戏。

由于我们已经率先投注了，所以我们不得不跟注一个比对手加注更弱的范围。以下让我们来学习一下大盲在面对不同位置时的防守范围吧（假设对手按照正常尺度加注）。

游戏类型：常规桌无Ante，100BB

BB vs UTG/HJ（GTO 结论）

AA	AKs	AQs	AJs	ATs	A9s	A8s	A7s	A6s	A5s	A4s	A3s	A2s
AKo	KK	KQs	KJs	KTs	K9s	K8s	K7s	K6s	K5s	K4s	K3s	K2s
AQo	KQo	QQ	QJs	QTs	Q9s	Q8s	Q7s	Q6s	Q5s	Q4s	Q3s	Q2s
AJo	KJo	QJo	JJ	JTs	J9s	J8s	J7s	J6s	J5s	J4s	J3s	J2s
ATo	KTo	QTo	JTo	TT	T9s	T8s	T7s	T6s	T5s	T4s	T3s	T2s
A9o	K9o	Q9o	J9o	T9o	99	98s	97s	96s	95s	94s	93s	92s
A8o	K8o	Q8o	J8o	T8o	98o	88	87s	86s	85s	84s	83s	82s
A7o	K7o	Q7o	J7o	T7o	97o	87o	77	76s	75s	74s	73s	72s
A6o	K6o	Q6o	J6o	T6o	96o	86o	76o	66	65s	64s	63s	62s
A5o	K5o	Q5o	J5o	T5o	95o	85o	75o	65o	55	54s	53s	52s
A4o	K4o	Q4o	J4o	T4o	94o	84o	74o	64o	54o	44	43s	42s
A3o	K3o	Q3o	J3o	T3o	93o	83o	73o	63o	53o	43o	33	32s
A2o	K2o	Q2o	J2o	T2o	92o	82o	72o	62o	52o	42o	32o	22

■ 加注　　■ 弃牌　　■ 跟注

第三章
面对一个加注

小贴士：基于赔率，大盲不能弃掉太多牌来让对手攻击得逞。

BB vs CO（GTO 结论）

AA	AKs	AQs	AJs	ATs	A9s	A8s	A7s	A6s	A5s	A4s	A3s	A2s
AKo	KK	KQs	KJs	KTs	K9s	K8s	K7s	K6s	K5s	K4s	K3s	K2s
AQo	KQo	QQ	QJs	QTs	Q9s	Q8s	Q7s	Q6s	Q5s	Q4s	Q3s	Q2s
AJo	KJo	QJo	JJ	JTs	J9s	J8s	J7s	J6s	J5s	J4s	J3s	J2s
ATo	KTo	QTo	JTo	TT	T9s	T8s	T7s	T6s	T5s	T4s	T3s	T2s
A9o	K9o	Q9o	J9o	T9o	99	98s	97s	96s	95s	94s	93s	92s
A8o	K8o	Q8o	J8o	T8o	98o	88	87s	86s	85s	84s	83s	82s
A7o	K7o	Q7o	J7o	T7o	97o	87o	77	76s	75s	74s	73s	72s
A6o	K6o	Q6o	J6o	T6o	96o	86o	76o	66	65s	64s	63s	62s
A5o	K5o	Q5o	J5o	T5o	95o	85o	75o	65o	55	54s	53s	52s
A4o	K4o	Q4o	J4o	T4o	94o	84o	74o	64o	54o	44	43s	42s
A3o	K3o	Q3o	J3o	T3o	93o	83o	73o	63o	53o	43o	33	32s
A2o	K2o	Q2o	J2o	T2o	92o	82o	72o	62o	52o	42o	32o	22

■ 加注 ■ 弃牌 ■ 跟注

小贴士：A2o这种牌对对手的范围会赢小输大，应该更多选择同花牌去防守。

德州扑克 自学一本通

BB vs BTN（GTO 结论）

AA	AKs	AQs	AJs	ATs	A9s	A8s	A7s	A6s	A5s	A4s	A3s	A2s
AKo	KK	KQs	KJs	KTs	K9s	K8s	K7s	K6s	K5s	K4s	K3s	K2s
AQo	KQo	QQ	QJs	QTs	Q9s	Q8s	Q7s	Q6s	Q5s	Q4s	Q3s	Q2s
AJo	KJo	QJo	JJ	JTs	J9s	J8s	J7s	J6s	J5s	J4s	J3s	J2s
ATo	KTo	QTo	JTo	TT	T9s	T8s	T7s	T6s	T5s	T4s	T3s	T2s
A9o	K9o	Q9o	J9o	T9o	99	98s	97s	96s	95s	94s	93s	92s
A8o	K8o	Q8o	J8o	T8o	98o	88	87s	86s	85s	84s	83s	82s
A7o	K7o	Q7o	J7o	T7o	97o	87o	77	76s	75s	74s	73s	72s
A6o	K6o	Q6o	J6o	T6o	96o	86o	76o	66	65s	64s	63s	62s
A5o	K5o	Q5o	J5o	T5o	95o	85o	75o	65o	55	54s	53s	52s
A4o	K4o	Q4o	J4o	T4o	94o	84o	74o	64o	54o	44	43s	42s
A3o	K3o	Q3o	J3o	T3o	93o	83o	73o	63o	53o	43o	33	32s
A2o	K2o	Q2o	J2o	T2o	92o	82o	72o	62o	52o	42o	32o	22

■ 加注　■ 弃牌　■ 跟注

小贴士：对手加注范围越宽，就越应该多加注来攻击对手范围中的弱牌！

第三章
面对一个加注

BB vs SB（GTO 结论）

AA	AKs	AQs	AJs	ATs	A9s	A8s	A7s	A6s	A5s	A4s	A3s	A2s
AKo	KK	KQs	KJs	KTs	K9s	K8s	K7s	K6s	K5s	K4s	K3s	K2s
AQo	KQo	QQ	QJs	QTs	Q9s	Q8s	Q7s	Q6s	Q5s	Q4s	Q3s	Q2s
AJo	KJo	QJo	JJ	JTs	J9s	J8s	J7s	J6s	J5s	J4s	J3s	J2s
ATo	KTo	QTo	JTo	TT	T9s	T8s	T7s	T6s	T5s	T4s	T3s	T2s
A9o	K9o	Q9o	J9o	T9o	99	98s	97s	96s	95s	94s	93s	92s
A8o	K8o	Q8o	J8o	T8o	98o	88	87s	86s	85s	84s	83s	82s
A7o	K7o	Q7o	J7o	T7o	97o	87o	77	76s	75s	74s	73s	72s
A6o	K6o	Q6o	J6o	T6o	96o	86o	76o	66	65s	64s	63s	62s
A5o	K5o	Q5o	J5o	T5o	95o	85o	75o	65o	55	54s	53s	52s
A4o	K4o	Q4o	J4o	T4o	94o	84o	74o	64o	54o	44	43s	42s
A3o	K3o	Q3o	J3o	T3o	93o	83o	73o	63o	53o	43o	33	32s
A2o	K2o	Q2o	J2o	T2o	92o	82o	72o	62o	52o	42o	32o	22

■ 加注　　■ 弃牌　　■ 跟注

小贴士：在这个博弈关系中，大盲有位置优势，不介意与对手翻牌后多纠缠。

德州扑克 自学一本通

游戏类型：有Ante或锦标赛，100BB

BB vs UTG/UTG+1（GTO 结论）

AA	AKs	AQs	AJs	ATs	A9s	A8s	A7s	A6s	A5s	A4s	A3s	A2s
AKo	KK	KQs	KJs	KTs	K9s	K8s	K7s	K6s	K5s	K4s	K3s	K2s
AQo	KQo	QQ	QJs	QTs	Q9s	Q8s	Q7s	Q6s	Q5s	Q4s	Q3s	Q2s
AJo	KJo	QJo	JJ	JTs	J9s	J8s	J7s	J6s	J5s	J4s	J3s	J2s
ATo	KTo	QTo	JTo	TT	T9s	T8s	T7s	T6s	T5s	T4s	T3s	T2s
A9o	K9o	Q9o	J9o	T9o	99	98s	97s	96s	95s	94s	93s	92s
A8o	K8o	Q8o	J8o	T8o	98o	88	87s	86s	85s	84s	83s	82s
A7o	K7o	Q7o	J7o	T7o	97o	87o	77	76s	75s	74s	73s	72s
A6o	K6o	Q6o	J6o	T6o	96o	86o	76o	66	65s	64s	63s	62s
A5o	K5o	Q5o	J5o	T5o	95o	85o	75o	65o	55	54s	53s	52s
A4o	K4o	Q4o	J4o	T4o	94o	84o	74o	64o	54o	44	43s	42s
A3o	K3o	Q3o	J3o	T3o	93o	83o	73o	63o	53o	43o	33	32s
A2o	K2o	Q2o	J2o	T2o	92o	82o	72o	62o	52o	42o	32o	22

■ 加注 ■ 弃牌 ■ 跟注

小贴士：基于赔率，大盲不能弃掉太多牌让对手攻击得逞。

第三章
面对一个加注

BB vs LJ/HJ（GTO 结论）

AA	AKs	AQs	AJs	ATs	A9s	A8s	A7s	A6s	A5s	A4s	A3s	A2s
AKo	KK	KQs	KJs	KTs	K9s	K8s	K7s	K6s	K5s	K4s	K3s	K2s
AQo	KQo	QQ	QJs	QTs	Q9s	Q8s	Q7s	Q6s	Q5s	Q4s	Q3s	Q2s
AJo	KJo	QJo	JJ	JTs	J9s	J8s	J7s	J6s	J5s	J4s	J3s	J2s
ATo	KTo	QTo	JTo	TT	T9s	T8s	T7s	T6s	T5s	T4s	T3s	T2s
A9o	K9o	Q9o	J9o	T9o	99	98s	97s	96s	95s	94s	93s	92s
A8o	K8o	Q8o	J8o	T8o	98o	88	87s	86s	85s	84s	83s	82s
A7o	K7o	Q7o	J7o	T7o	97o	87o	77	76s	75s	74s	73s	72s
A6o	K6o	Q6o	J6o	T6o	96o	86o	76o	66	65s	64s	63s	62s
A5o	K5o	Q5o	J5o	T5o	95o	85o	75o	65o	55	54s	53s	52s
A4o	K4o	Q4o	J4o	T4o	94o	84o	74o	64o	54o	44	43s	42s
A3o	K3o	Q3o	J3o	T3o	93o	83o	73o	63o	53o	43o	33	32s
A2o	K2o	Q2o	J2o	T2o	92o	82o	72o	62o	52o	42o	32o	22

■ 加注　　■ 弃牌　　■ 跟注

小贴士：K5o这种牌会赢小输大，不如小的同花牌好。

BB vs CO（GTO 结论）

AA	AKs	AQs	AJs	ATs	A9s	A8s	A7s	A6s	A5s	A4s	A3s	A2s
AKo	KK	KQs	KJs	KTs	K9s	K8s	K7s	K6s	K5s	K4s	K3s	K2s
AQo	KQo	QQ	QJs	QTs	Q9s	Q8s	Q7s	Q6s	Q5s	Q4s	Q3s	Q2s
AJo	KJo	QJo	JJ	JTs	J9s	J8s	J7s	J6s	J5s	J4s	J3s	J2s
ATo	KTo	QTo	JTo	TT	T9s	T8s	T7s	T6s	T5s	T4s	T3s	T2s
A9o	K9o	Q9o	J9o	T9o	99	98s	97s	96s	95s	94s	93s	92s
A8o	K8o	Q8o	J8o	T8o	98o	88	87s	86s	85s	84s	83s	82s
A7o	K7o	Q7o	J7o	T7o	97o	87o	77	76s	75s	74s	73s	72s
A6o	K6o	Q6o	J6o	T6o	96o	86o	76o	66	65s	64s	63s	62s
A5o	K5o	Q5o	J5o	T5o	95o	85o	75o	65o	55	54s	53s	52s
A4o	K4o	Q4o	J4o	T4o	94o	84o	74o	64o	54o	44	43s	42s
A3o	K3o	Q3o	J3o	T3o	93o	83o	73o	63o	53o	43o	33	32s
A2o	K2o	Q2o	J2o	T2o	92o	82o	72o	62o	52o	42o	32o	22

■ 加注　　■ 弃牌　　■ 跟注

小贴士：对手加注范围越宽，就越应该多加注来攻击对手范围中的弱牌！

第三章
面对一个加注

BB vs BTN（GTO 结论）

AA	AKs	AQs	AJs	ATs	A9s	A8s	A7s	A6s	A5s	A4s	A3s	A2s
AKo	KK	KQs	KJs	KTs	K9s	K8s	K7s	K6s	K5s	K4s	K3s	K2s
AQo	KQo	QQ	QJs	QTs	Q9s	Q8s	Q7s	Q6s	Q5s	Q4s	Q3s	Q2s
AJo	KJo	QJo	JJ	JTs	J9s	J8s	J7s	J6s	J5s	J4s	J3s	J2s
ATo	KTo	QTo	JTo	TT	T9s	T8s	T7s	T6s	T5s	T4s	T3s	T2s
A9o	K9o	Q9o	J9o	T9o	99	98s	97s	96s	95s	94s	93s	92s
A8o	K8o	Q8o	J8o	T8o	98o	88	87s	86s	85s	84s	83s	82s
A7o	K7o	Q7o	J7o	T7o	97o	87o	77	76s	75s	74s	73s	72s
A6o	K6o	Q6o	J6o	T6o	96o	86o	76o	66	65s	64s	63s	62s
A5o	K5o	Q5o	J5o	T5o	95o	85o	75o	65o	55	54s	53s	52s
A4o	K4o	Q4o	J4o	T4o	94o	84o	74o	64o	54o	44	43s	42s
A3o	K3o	Q3o	J3o	T3o	93o	83o	73o	63o	53o	43o	33	32s
A2o	K2o	Q2o	J2o	T2o	92o	82o	72o	62o	52o	42o	32o	22

■ 加注　　■ 弃牌　　■ 跟注

小贴士：在这个博弈关系中，大盲有位置优势，不介意与对手翻牌后多纠缠。

第四章
牌面

牌面分级是提升德州扑克技术和理解策略的重要工具。通过分级，你可以优先学习和掌握高频牌面，从而提高决策效率和游戏水平。此外，分级还可以帮助你在各种情况下更准确地评估对手可能的手牌范围和自己的权益，从而制定更有利的策略。

○ 神秘数字——1755与184

○ 被忽视的牌面分级系统

○ 牌面系统分布情况

○ 牌面分类

○ 更加实用的系统性分类

神秘数字——1755与184

在学习德州扑克的过程中，你是否经常听到两个神秘的数字——1755和184？

不熟悉这两个数字的读者，可能会感到困惑，但稍微了解GTO（Game Theory Optimal，博弈论最优）的人一定知道，它们指的是不同的牌面情况。

被忽视的牌面分级系统

翻牌圈发的三张牌看似简单，但实际上，它们对游戏有着至关重要的影响。大部分玩家通过大量的实战经验来理解德州扑克，然而你很快会发现，德州扑克在游戏中可能出现的情况实在太多了，即使每天玩24小时，你也未必能遇到所有的牌面组合。

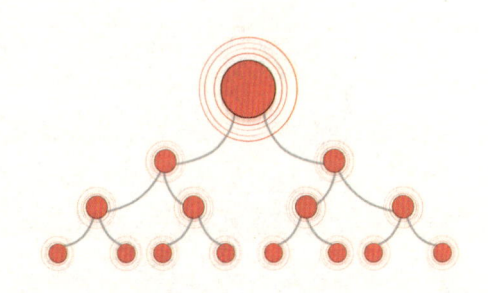

第四章
牌面

例如，三张A的牌面罕见；可能好几周甚至好几个月都见不到一次。对于那些在小型线下游戏中玩的玩家来说，这种情况更为明显。如果你从未遇到过某个特定的牌面，那么你就无法理解如何在这个牌面上发挥最大的优势。虽然某些罕见牌面出现的概率极低，但我们反过来思考，是否更应该了解那些我们最常遇到的牌面呢？优先学习那些高频牌面的应对策略，可以让我们的学习效率最大化。

牌面系统分布情况

在德州扑克中，翻牌可能出现的牌面共有22 100种。数字1755指的是非同构形态的牌面数量。

那么，什么是非同构形态呢？简而言之，它指的是不同结构的牌面，例如，AKQ黑桃、AKQ草花、AKQ红桃和AKQ方片，虽然花色不同，但结构相同。在统计时，这些同构形态的牌面只计算一次，从而将22 100种牌面浓缩成1755种非同构形态的牌面。

德州扑克 自学一本通

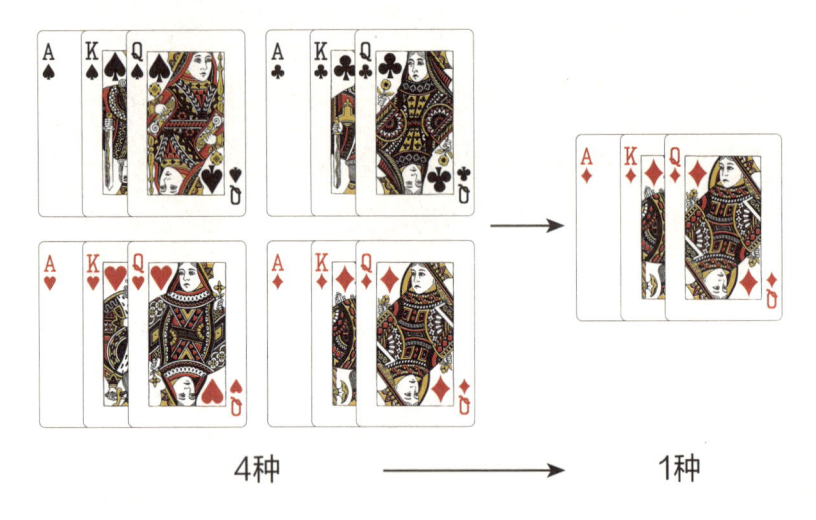

4种 ⟶ 1种

数字184则指的是用于软件计算的牌面子集,这个子集包括各种具有代表性的牌面,其计算结果与全部牌面的EV(期望值)和Equity(权益)差距非常小。

换句话说,熟悉了这184种牌面,也就掌握了1755种非同构牌面的核心内容。这是一种简单有效的牌面分级系统,可以快速帮助初学者建立一个清晰的逻辑框架。

下面我们就来详细看一看德州扑克中的牌面具体是怎么分类的。

第四章
牌面

牌面分类

针对牌面的分类方式有很多种，比较典型的分类方式主要有以下四种。

第一种：根据牌面结构分类

天花面（Flush Board）：三张花色相同的牌面。

听花面（Flush Draw Board）：具有同花顺潜力的牌面。

彩虹面（Rainbow Board）：没有同花潜力的牌面。

彩虹公对面（Rainbow Paired Board）：没有同花潜力且有一对的牌面。

听花公对面（Flush Paired Board）：具有同花顺潜力且有一对的牌面。

三条面（Trips Board）：三张相同点数的牌。

单位：种

牌面结构	种类	非同构牌面	总牌面形态	占比（四舍五入）
天花面	4	286	1144	5.18%
听花面	12	858	10296	46.59%
彩虹面	24	286	6864	31.06%

续表

牌面结构	种类	非同构牌面	总牌面形态	占比（四舍五入）
彩虹公对面	12	156	1872	8.47%
听花公对面	12	156	1872	8.47%
三条面	4	13	52	0.24%
总计	68	1755	22100	100%

如上表所示，听花面占了最大的比例，彩虹面次之，第三是公对面，也就是说这些听花牌面或潮湿的牌面对我们来说学习的优先等级其实是比较高的。

第二种：根据牌面连接度分类

非连接牌面：三张牌之间的间隔较大。

连接牌面：三张牌之间的间隔较小。

单位：种

潜在天顺数	总牌面数	占比（四舍五入）	备注	案例
3	512	2%	除KQJ、432以外，三张相连的牌	如678

第四章
牌面

续表

潜在天顺数	总牌面数	占比（四舍五入）	备注	案例
2	1280	6%	含KQJ、432在内，三张相连的牌中间有一个间隙	如JT8
1	2304	10%	三张相连的牌中间有两个间隙	如T96
0	18004	81%	所有公对面、三条面和其他情况	如668
总计	22100	100%		

用这种分类方式我们会发现，80%左右的情况都是非连接牌面。

第三种：按照高牌分类

按照三张公共牌中最大的牌的点数来进行分类。

按高牌分类	总牌面数（种）	占比
Axx	4804	21.74%
Kxx	4052	18.33%

续表

按高牌分类	总牌面数（种）	占比
Qxx	3364	15.22%
Jxx	2740	12.40%
Txx	2180	9.86%
9xx	1684	7.62%
8xx	1252	5.67%
7xx	884	4.00%
6xx	580	2.62%
5xx	340	1.54%
4xx	164	0.74%
3xx	52	0.24%
222	4	0.02%
总计	22100	100.00%

采用这种分类方式，在75%的情况下，至少会发出一张T及以上的牌。所以常常有人说德州扑克是一种高牌游戏，也就是这个道理。

第四章
牌面

第四种：把牌面按照中（M）、高（H）、低（L）、A四类进行分类

单位：种

按牌面高低分类	非同构牌面	总牌面数
AAA	1	4
AAH	8	96
AAM	8	96
AAL	8	96
AHH	38	480
AHM	80	1024
AHL	80	1024
AMM	38	480
AML	80	1024
ALL	38	480
HHH	48	560
HHM	152	1920
HHL	152	1920
HMM	152	1920
HML	320	4096
HLL	152	1920
MMM	48	560

续表

按牌面高低分类	非同构牌面	总牌面数
MML	152	1920
MLL	152	1920
LLL	48	560
总计	1755	22100

这四种分类方式从不同角度看都是有效的，但是最大的缺陷就是彼此之间互相独立。

如果我们想要知道一个较为复杂的复合情况的占比到底是多少的话，就没有办法从中找到答案。

更加实用的系统性分类

牌面对游戏策略的影响主要体现在高牌、牌面连接程度、牌面同花听牌结构这三个方面，我们可以简单地把1755种牌面分成以下八大类：

- 高牌干燥面
- 高牌连接面
- 中张干燥面

第四章
牌面

- 小小小牌面
- A高面
- 基本公对面
- 高牌公对面
- 天花面

这是我付费教程里的分类方式，大家可以参考。有几点需要特别说明：

（1）非同花面和听花面在深筹码情况下，在范围维度上不同策略的差距没有那么大，因此我并没有把它们单独拿出来分类。这两类牌面更大的区别在于具体手牌的执行与挑选。

（2）大家在研究牌面策略的时候一定要先研究其范围维度上的策略，再试图找到不同牌面挑选手牌的逻辑，千万不要本末倒置去研究一组手牌在不同牌面时的策略。

（3）三条面实战时出现得较少，因此未加入分类。

（4）不同的玩家有不同的分类方式，没有绝对的正确与错误，更多与自己最初接触的游戏类型有关。不同的游戏类型可以总结出不同的牌面分类方式。

第五章
玩好扑克的理念

本章构建了一套全面有效的德州扑克游戏理念和策略框架。从抛弃幻想到紧盯鱼打,每个理念都承载着丰富的内涵和实用的指导意义。保持理性、平衡风险收益和掌控优势,以及针对不同场景作出明智决策,对玩家来说至关重要。

○ 抛弃幻想

○ 盈亏同源

○ 集中注意力

○ GTO策略

○ 大牌大底池,小牌小底池

○ 勇于诈唬

○ 侵略性的价值

○ 勇于进攻

○ 紧盯鱼打

抛弃幻想

每个德州扑克爱好者可能都经历过"卡顺一脚着"或者"后门坚果花"一把直接把对手打到怀疑人生的超爽经历。

如果你曾经尝过这样的甜头,可能就会经常去追后门、追卡顺……那么长期来看,你可能还是一条"鱼"。

无论是打德州扑克还是在我们的生活中,偶然性无处不在。我曾经问过身边不下50个朋友,他们最意外的一笔收入是什么。答案五花八门:有人因为拆迁直接实现了财富自由;有人在街上目睹打架斗殴事件,结果被误伤,获得了数万元的赔偿;还有人刚进入一家大公司,结果在年会上中了大奖。

意外之所以叫意外,是因为它归根结底就是小概率事件。例如,"卡顺一脚着"的概率低于10%,而在翻牌圈单靠后门花反超对手的可能性更是不足5%。如果你期待这样的幸运降临在你身上,无异于守株待兔。

第五章
玩好扑克的理念

盈亏同源

每个德州扑克爱好者在还未完全理解游戏时，都想通过所谓的"技术"来最大化每一手牌的价值，捕捉每一个小胜利，同时躲避对手的每一手强牌（如坚果牌）。他们认为，只有自己每一手牌的期望值（EV）都达到绝对最大化，才能显示出自己的高超水平。然而，残酷的现实是，这种理想的完美策略在德州扑克中根本不存在。如果你总是恐惧损失，又贪婪收益，那么你只能是一条鱼。

真正的德州扑克高手清楚地认识到德州扑克策略的核心——盈亏同源。

所谓盈亏同源，指的是在任何一种博弈行为中，无论是炒股票、期货和投资房地产，还是打德州扑克，策略的收益和风险往往是成正比的。某些策略之所以能带来足够的回报，是因为在另一种情况下，这些策略也可能造成相应的亏损。

例如，在股票市场中，许多人会选择趋势交易法。一旦趋势形成，他们就会跟随趋势，获取波段收益。如果你在上涨趋势初期就建仓，一旦趋势确定，你的收益将会非常可观。然而，如果趋势判断失误了，你可能会因为过早入场而损失惨重。相反，如果建仓较晚，虽然趋势较明显，但进场太晚可能只能喝到一口汤，而前期进场的人已经吃饱了。

　　炒股也好，打牌也罢，完成了基础的系统思维学习后，激进策略和保守策略之间并没有绝对的好与坏之分。例如，松凶风格（Loose Aggressive）能最大限度地剥削普通玩家，但GTO策略能够波动更小、收益更稳定。本质上，不同策略的选择在于我们主动决定抓取哪部分收益、承担哪部分风险，抛弃哪部分收益、避免哪部分风险。

　　把时间线拉到绝对长，我们能赢对手的牌局，对手一定也能遇到一模一样的情况，不要因为你的AA把对手的KK清台而高兴，因为你抓到KK的时候对手也可能抓到AA。

　　一旦理解了这一点，你就不会再纠结于松紧凶弱的策略选择，而会根据自己的性格、后手、习惯和舒适度，选择适合自己风格的策略，更不会把输赢归结为运气。从长期来讲，大家的运气都一样，如果只关注那些谁来打结果都一样的牌而不关注游戏策略，盈亏同源必将使你一无所获。

第五章
玩好扑克的理念

集中注意力

我通过聆听对手和观察对手来搜集他们的信息,而不是跟他们交谈。

单挑的牌局计算机还能应付,但是面对一整桌人就不行了。

计算机根本不能够计算出与心理问题相关的盈利策略。做到这点必须有洞察能力和判断能力,而这只有人才能做得到。

集中注意力,是有回报的!

以上的话摘自道尔·布朗森1978年出版的著作《超级系统》,1978年他就给了我们在AI时代战胜软件策略的启示。我难以想象他是怎样在1978年就写下这些今天看来都是高瞻远瞩的句子的。

也许这就是:伟大,无须多言!

GTO策略

1951年,诺贝尔经济学奖得主约翰·纳什发表了名为《非合作博弈》的论文,首次提出了纳什均衡概念。纳什均衡在维基百科中的解释是：在包含两个或两个以上参与者的非合作博弈中，假设每个参与者都知道其他参与者的均衡策略，那么没有参与者可以通过改变自身策略使自身受益。这一超越时代的论述不仅完美解释了商业竞争中的诸多现象，也给德州扑克这种古老的游戏带来了一场革命。

在德州扑克游戏中，我们不知道我们的对手有什么牌，但是我们知道他可能会有什么牌；我们不知道他会做什么，但是我们知道他能做什么。这对我们的对手也适用。不确定性是我们的敌人，同时也是我们对手的敌人。这种标准的非合作博弈行为完美契合纳什均衡里描述的博弈情况，意味着必然存在一个纳什均衡解。只要我们找到德州扑克博弈中的纳什均衡点（德州扑克里经常提到的GTO策略），就意味着无论对手如何改变他的策略，都无法提高其自身的收益。

随着GTO策略以及纳什均衡策略被越来越多的玩家应用到德州扑克里，人们对德州扑克的看法不再是一个斗智斗勇、比拼演技的游戏，而是一种在不确定情况下谁能作出更好决策的智力竞技。德州扑克高手们的关注点从预测对手的范围转向构建自身的策略，让自身的策略无法被针

第五章
玩好扑克的理念

对,从而获得一个保底的收益。这逐渐成为现代德州扑克策略的主流。

GTO策略虽然在很多场合被翻译成博弈论最优策略,但更准确的翻译应该是不能被剥削的策略。这意味着GTO策略并不是一套必须接受或拒绝的严格规则,而是一个思考扑克局势、预测对手行动和改进自己决策的框架。GTO策略的意义在于当我们无法对对手的策略有清楚的认知时,能作出稳健清晰的决策。GTO策略最大的用处在于帮助我们应对不熟悉的对手。

大牌大底池,小牌小底池

既然从长期来讲大家抓到的牌都是一样大的,你经历过胜利的牌局也必然会被对手抓到,那么胜利的根源到底在哪里呢?那就是你拿到大牌的时候要赢得更多,拿到小牌的时候要输得更少。这就体现了你的高超技巧。谨记下面的三段论,这是你获胜的利器!

大前提	长期来讲，双方拿到的牌力相同
小前提 →	长期来看，我们拿到大牌的时候打的底池大，拿到小牌的时候打的底池小
结论	长期胜利

把这个三段论升级到范围维度同样适用。

大前提	长期来讲，双方拿到的牌力相同
小前提 →	长期来看，我们拿到强范围的时候打的底池大，拿到弱范围的时候打的底池小
结论	长期胜利

请谨记让你获得胜利最根本的理念，它能让你的思路更清晰！

第五章
玩好扑克的理念

勇于诈唬

每个德州扑克爱好者都要经历从不敢诈唬到尝试诈唬，再到被抓，最终掌握诈唬的过程。可以说，打德州扑克的最大乐趣之一就是诈唬与抓诈之间的心理战。90%的新手玩家诈唬频率明显不够，同时抓诈的频率也不够，因此常常被老玩家剥削。

我的好朋友大网红紧弱于说过：新手不擅长诈唬，主要是因为两种心态——诚实心态与害怕损失心态。

第一种是诚实心态。很多新手误认为诈唬等同于撒谎，是一种不诚实的行为。因此，当他们准备诈唬时，他们会心跳加速，呼吸紧张，还要故作轻松的样子。然而，实际上，他们拿筹码的手在发抖。老玩家看到这么多马脚漏洞，谈笑间就能把他们抓住。

要玩好德州扑克，首先要转变这种心态。就像在商业谈判中，绝不能轻易暴露自己的手牌。很多时候，让对方摸不清你的实力，往往对你更有利。所以你会发现，在德州扑克游戏中老玩家的诈唬频率比新手玩家更高，因为他们早就熟悉了诈唬操作。

第二种是害怕损失心态。新手一想到在河牌圈全压，对方可能会抓诈，就会感到非常恐惧。一方面害怕损失自己的筹码，另一方面被抓后会觉得谎言被当场拆穿，感到羞愧。无论是对筹码损失的恐惧，还是对被抓后的羞愧，都是新手思维的误区。

这种心态就像职场中很多人担心损失现有的待遇，因此不敢找老板开口要求涨薪，或者在谈生意时不敢争取更高的价格。从长期来看，这种心态都是在放弃自己的权益。

在现实中，一个张弛有度、勇敢争取的人，往往能获得更多的利益。要成为德州扑克高手，必须调整心态，勇敢尝试诈唬。在游戏中没有足够的诈唬频率，不但不能减少你的损失，反而会让对手更容易分辨你的行动路线，判断出你是击中了牌还是没有击中牌。

侵略性的价值

如果我们仅通过过牌与跟注寻求摊牌取胜，则只有每次拿到最大的手牌才能赢得底池。

如果我们下注或加注，我们就有两条获胜的途径：对手弃牌，或者摊牌时我们的牌更大。

在牌桌上我最忌惮那些不断下注和加注的对手，经常

第五章
玩好扑克的理念

让牌和跟注的玩家不会取得什么好成绩。**不管你的打法风格如何，请务必保持你的侵略性！这是你获得胜利的不二法门。**

勇于进攻

每个德州扑克玩家都知道这么一句话：你可以紧，也可以松，但一定要凶，因为这是一个勇敢者的游戏。这句话看似简单粗暴，却是德州扑克的精髓。只有在凶的情况下才能剥夺对方的权益，而弱的玩家只能一直被对手剥削。

道理大家都懂，但为什么总是改不了，总喜欢在确定领先时才敢进攻，而面对对手的激进总是抵抗不足？与其说是技术不行，不如说是性格使然。风格紧弱的玩家，在生活中往往也是相对老实谨慎的人。比如在工作中，他们不争名夺利，很老实，与朋友交往中也很会照顾人。在恋爱婚姻中，他们也是家里的"耙耳朵"。想在短时间内改变一辈子养成的性格谈何容易？

如果你还是一条紧弱鱼，总是在让牌和跟注，找不到改变思路的话，那你需要记住一句话：德州扑克这个游戏的规则一直在奖励进攻者。简单来说，这是一个对进攻者有利的游戏机制。之所以你不愿意改变紧弱的风格，或许是你认为别人的战术是在进攻，而你的战术是在防守。你认为即使对手用激进的战术攻击你，你也可以依靠自己精妙的防守战术打个有来有回。然而，这种想法其实大错特错。

我的好朋友紧弱于就曾经举过一个简单的例子，也许能改变你对游戏的理解。无论你手持何种组合牌进场，在第一条街上，你不被增强的概率大约是65%。这里所说的增强包含已经成型的组合，比如击中暗三，或者还在路上的增强，比如形成"两头摇"。平均来看，第一条街上任何人能够被增强的概率只有大约三成。这就意味着，大多数时候进攻方只需要凭借对手没有得到增强这种情况，就可以轻易拿下比赛。进攻方只要范围里有进攻策略就可以进攻，而防守方则必须手里真的有大牌才能防守。这就是进攻和防守的本质区别。

用更通俗的话来说，如果你总是习惯于防守，从概率的角度来看，每三次进攻中，你只能防守住你得到了增强的那一次，而且防守还不一定能够保证你最终获得胜利。而当你从防守方转变为进攻方时，你可以相对轻松地在

第五章
玩好扑克的理念

三次进攻里赢下对手没有得到增强也不太进行抵抗的1~2次，最后一次就算对手进行了抵抗，胜负也犹未可知。这就是看似进攻方需要付出更多代价，但实际上进攻却是一个更为轻松划算的选择的原因。

德州扑克这个游戏胜利的本质是在长期平衡的运气之下尽可能剥削对手本该获得的权益，以及尽可能不要放弃自己本该获得的权益。要实现这一点，进攻必然比防守更为有利和重要。

如果你还是没有决心改变自己的防守习惯，那么我再送你一句话：没有一种游戏可以只靠防守取胜。拳击不行，足球也不行，德州扑克更不行。改变心态，勇敢进攻，你会发现胜利离你更近一步。

紧盯鱼打

菲尔戈登在他的《德州扑克小绿皮书》中写道：

我不必成为最好的玩家，我只要比一部分玩家好就可以了。

一个牌桌的盈利点始终在于有两到三个低水平的玩家。我会努力从比我差的玩家那里赢得更多，而少去碰那些比我强的玩家。

随着时代的发展，菲尔戈登的观点被证明是有效的。基于概率的现代扑克解算软件可以轻而易举地算出每种策略的优势与损失。当一位玩家有一定的基础水平不犯大错时，即使世界上最优秀的玩家也无法从他身上赢得太高期望值。反而玩得一般的玩家在面对玩得很差的对手时能赢得很高期望值。这给我们制定德州扑克比赛的整体战略提供了很大的启示。

盯着鱼打，避免把精力放在与那些高手争夺微小的期望值是更好的战略。

第六章
德州扑克的理论与思维模型

通过对范围和手牌维度的理解,以及对胜率、权益和下注频率的分析,你能更好地把握局势和决策时机。了解范围的极化程度、弃牌赢率和最小防守频率等概念,有助于你更深入地理解对手行为,制定更有效的对策。

○ 范围和手牌维度

○ 胜率与权益

○ 权益实现

○ 下注频率

○ 范围的极化程度

○ 弃牌赢率

○ 最小防守频率

○ 权益决定频率

○ 下注的规模理论

○ 下注的局部优势理论

○ 阻挡牌与阻隔效应

○ 四二法则

范围和手牌维度

思考一手牌的时候应该先确定我们在思考哪个维度上的事情，思考范围维度的策略是首先且必要的。

我们和对手彼此都看不到对方的手牌，那么怎样才能作出最好的策略呢？

大卫·斯克兰斯基在他的《扑克理论》中写道：

你的打法与你看到对手手牌后采用的打法不同时，对手获得正收益；你的打法与你看到对手手牌后采用的打法相同时，对手获得负收益。

如果每一手牌我们都能知道对手的手牌，那么德州扑克当然非常简单。可对攻防双方而言，读出对方具体的手牌组合却难如登天，这时候我们就要退而求其次，先了解双方范围的强弱对比、坚果组合多少来定性地判断整体强弱，再去考虑我们具体手牌的执行策略。

这就像一个将军带兵打仗，不可能像玩电脑游戏那样"开上帝之眼"知道对手如何排兵布阵，但可以多派间谍，尽量精细地估计双方军力的强弱对比、地势补给如何，来制定较为宏观的攻防策略——是开展进攻，还是维持守势。

第六章
德州扑克的理论与思维模型

胜率与权益

胜率是牌类游戏绕不过去的概念。了解一手牌对另一手牌的胜率十分重要。如果对手晾着牌跟你全压，你起码要知道你有多少胜算。以下是常见的手牌对阵翻牌前全压的胜率。

对阵情况	例子	胜率
一对vs两张低牌	AA vs KQ	86%
大对子vs小对子	AA vs KK	82%
前者的踢脚牌统治后者的牌	AK vs AQ	74%
对子vs高低牌	KK vs AQ	71%
两高牌vs两低牌	AK vs 98	64%
高低牌vs两中牌	AT vs KJ	60%
低对vs两高牌	99 vs AQ	55%
两高牌vs低对	AJ vs TT	44%
垃圾牌vs高牌	72 vs QJ	32%
高低牌vs口袋对子	AT vs KK	30%
前者的踢脚牌被后者的牌统治	A9 vs AQ	27%

然而在实战中，我们很难知道对手的手牌，只能大概

推算对手的范围。一旦到了范围维度，对手亦难以预测我们的具体手牌组合。因此想要宏观地知道双方范围的强弱，就要知道我们的范围与对方范围的胜率，这就是权益。

因素	维度	思考优势	思考劣势
胜率	手牌	客观、具体	难以判断
权益	范围	易判断、宏观	抽象

权益实现

通常，权益实现（Equity Realization，EQR）指的是将原始权益转化为预期价值。

一手牌如果赢的次数超过其权益所预示的次数，就被称为"超额实现"权益。

一手牌如果赢的次数少于其权益所预示的次数，就被称为"低于实现"权益。

从数学角度讲，权益实现通常被定义为 EQR = 底池份额/权益，其中底池份额是根据预期价值一手牌将赢得的底

第六章
德州扑克的理论与思维模型

池百分比，而权益指的是如果一直让牌到摊牌时一手牌的原始权益。

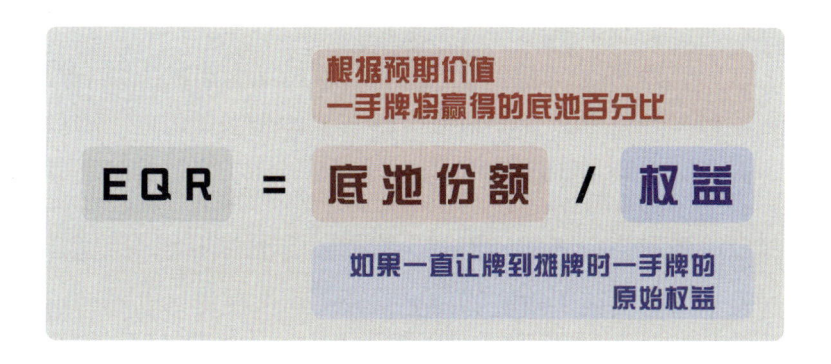

$$EQR = 底池份额 / 权益$$

- 底池份额：根据预期价值一手牌将赢得的底池百分比
- 权益：如果一直让牌到摊牌时一手牌的原始权益

例如，一手牌（平均）赢得70%的底池，但其原始权益只有40%，则其EQR = 70%/40% = 175%。

下注频率

一般来说，在德州扑克中我们提到下注频率有两个意思。

- 在范围维度上，下注频率是指我们的整体范围下注的组合占整体范围组合的百分比。
- 在手牌维度上，下注频率多指我们这个组合应该有多少概率下注。

AI时代到来之前，我们提到下注频率多指后者；AI时代到来之后，我们提到下注频率多指前者。在我的书籍与教程中，提到下注频率都是指前者。

在我们读不出对手的手牌，也默认读不出对手的手牌时，最好的策略就是先制定出整体范围的下注策略，而后再考虑自己手牌的具体执行策略。这样做的好处是，除了能避免被对手看透外，还能帮助我们自己站在更高维度分析整个博弈关系下攻防的得失，而不纠结在具体的手牌组合中，从而让我们的思考更加全面、透彻。客观地描述范围维度的整体下注策略最重要的概念就是下注频率，它能准确地告诉我们将用范围中多少比例的牌进行下注。下注频率、下注尺度、下注范围的极化程度是我们描述一个进攻策略的三大要素。

范围的极化程度

当我们构建范围的时候，通常有两种描述方式：一种是线性范围，另一种是极化范围。

第六章
德州扑克的理论与思维模型

线性范围

什么是线性范围？

线性范围是指在我们的手牌范围中，较大的牌与较小的牌形成一个没有间隙的连续过渡。这种范围通常用于我们希望以较强的牌力进入底池的情况。比如当我们用一根斜线来表示我们的手牌范围，上端是大牌，下端是小牌，线的中间没有断点。通常在这种情况下我们只玩这条线上端范围的大牌，而下端范围的小牌我们则选择弃牌。这种范围我们就称为线性范围。

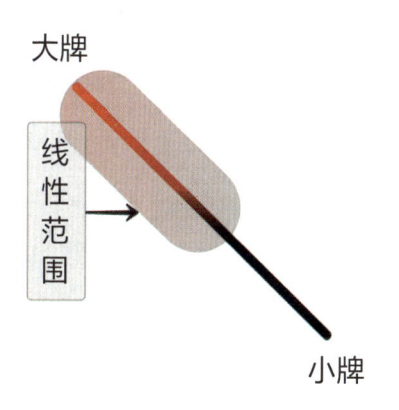

极化范围

什么是极化范围？

极化范围是指在我们的手牌范围中，较大的牌与较小的牌之间存在间隔。

如果我们还是用一根斜线来表示我们的手牌范围，我们会选取上端范围的大牌与下端范围的小牌来进行加注，而中间部分的牌会选择跟注或弃牌。上下两端所取范围我们就称为极化范围。

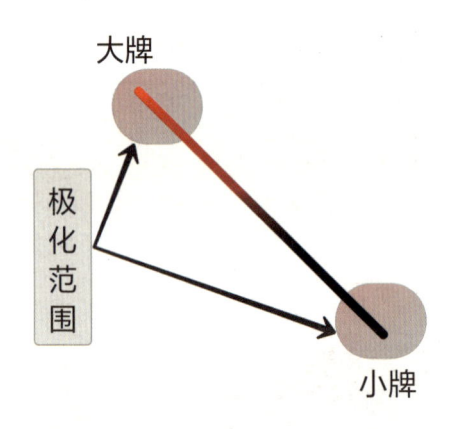

大牌

极化范围

小牌

弃牌赢率

在德州扑克理论中，介绍弃牌赢率是为了承上启下，这个概念与两个可能更重要的概念有很大的关系，那就是弃牌率和最小防守频率。

弃牌赢率，是指基于对手对你的下注而弃牌的可能性你获得的赢率。而弃牌率，则是指对手面对你的下注弃牌

第六章
德州扑克的理论与思维模型

的概率,当然这种概率一般来说只能估算。

弃牌赢率是针对你而言的,而弃牌率是针对对手而言的。如果对手面对你的下注一直有20%的可能性弃牌,那么对对手而言弃牌率为20%,你的弃牌赢率也为20%。

最小防守频率

最小防守频率是指为了防止被对手的诈唬剥削,玩家必须继续游戏的手牌范围的最小比例。

最小防守频率＝当前底池筹码/(当前底池筹码＋下注筹码)×100%

举个例子。你在河牌时听花失败,想要诈唬走对手。当前底池中有1000个筹码,你准备下注500个筹码来打跑对手,那么对手的最小防守频率则为1000/(1000＋500)＝67%。也就是说对手为了防止你通过诈唬而赢钱,需要在67%的情况下跟注,期望值(EV)才不会为负。

弃牌赢率与最小防守频率的关系可用以下公式表示:

弃牌赢率＋最小防守频率＝1

换言之,你所需的对手的弃牌率为1-67%＝33%,这个33%就是EV = 0时的临界点。对手的弃牌率大于33%时，你的EV为正，对手弃牌率小于33%时你的EV为负。

记住下表数据会让你牌打得轻松很多。

下注筹码	最小防守频率
1/2个底池	67%
3/4个底池	57%
1个底池	50%
2个底池	33%

权益决定频率

大前提	长期来讲，双方拿到的牌力相同
小前提 →	长期来看，我们拿到强范围的时候打的底池大，拿到弱范围的时候打的底池小
结论	长期胜利

第六章
德州扑克的理论与思维模型

前面提到过游戏胜利的本质就是强范围大底池，弱范围小底池。那么怎么才能实现呢，是增加下注频率还是提高下注尺度呢？

我们与对手争夺的底池 = 我们的下注尺度 × 对手的跟注频率

而当我们提高下注尺度时，对手的最小防守频率即发生变化——对手的防守频率会降低，使得我们与对手争夺的底池总量并没有发生变化。因此，从范围的维度看，提高下注尺度是达不到扩大底池的目的的。

增加下注频率则不同，由于对手不能准确地读出我们的手牌，也不能直接判断出我们的下注频率，不管我们用什么频率下注，对手都要以某个防守频率来对抗我们，因此从长期来看，增加下注频率可以扩大底池。

下注的规模理论

那么，下注尺度取决于什么呢？我们可以看一下下注的规模理论。

下注的规模理论

在确定圈次的情况下，我们下大注的前提是我们需要有坚果优势，然而我们有坚果优势未必就需要下大注。是否要在有坚果优势的时候下大注需要看两点：

（1）对手弃掉的权益的价值。

（2）我们价值范围中的中等牌是否需要被保护。

这个理论中有以下几个不易理解的概念：

（1）坚果：我们在当前情况下愿意与对手打光所有筹码的组合。

（2）坚果优势：我们的坚果组合所占比例比对手多。

（3）价值范围：我们下注的目的是获取价值的范围组合。

（4）对手弃掉的权益：对手因为我们下大注而相比于下小注多弃掉的那部分牌的胜率。

下注的局部优势理论

在德州扑克中，下注的局部优势理论是制定有效的下注策略的关键。它基于对手范围的切片和价值范围的局部优势来确定下注尺度和下注频率。

当我们在确定双方范围的时候，可以先将对手的范围进行切片，观察价值范围的局部优势来确定下注尺度，下

第六章
德州扑克的理论与思维模型

注尺度的大小取决于切片范围的下注的规模理论。

由此可能选出多个有可能的下注尺度。确定好不同的下注尺度后,下注的频率取决于范围的局部优势。范围的局部优势越强,下注的频率越高,搭配的诈唬也就越多。

由此可知,下注尺度越多,范围的局部切片越细,策略就越可能趋近于完美。

阻挡牌与阻隔效应

在德州扑克中,阻挡牌指的是我们持有阻挡对手拿到某特定牌的牌。例如,如果我们在公共牌为A♣7♦3♣时持有A♠A♦,我们的手牌使我们的对手不可能持有暗三条A——我们"阻挡"了对手获得暗三条的可能性。反之,如果我们持有的是3♥3♦,我们就"不阻挡"顶对,这样我们就更有可能通过下注获得价值。

了解阻挡牌的第一步是了解我们持有这手牌要做什么。

不同的手牌类别有不同的阻挡效应。

(1)当持有价值牌时,我们希望对手跟注,所以我们希望我们的手牌：

- 阻挡对手的弃牌组合。
- 不阻挡对手的价值组合。

（2）当持有潜在的诈唬牌时，我们更愿意看到对手弃牌，所以我们希望我们的手牌：

- 阻挡对手的跟注组合。
- 不阻挡对手的弃牌组合。

（3）当持有抓鸡牌时，我们想要获胜的次数比底池赔率所规定的要多，所以我们希望我们的手牌：

- 阻挡对手的价值组合。
- 不阻挡对手的诈唬组合。

虽然我们的手牌可能并不总是具有理想的阻挡特性，但我们仍然可以利用牌的移除效果，根据我们的手牌与目标重新确定阻挡牌，从而作出明智的决定。

四二法则

这是每个德州扑克玩家都应该知道的一个快捷方法，用于快速估算听牌时的权益。步骤如下：

（1）数出你的听牌张数。

第六章
德州扑克的理论与思维模型

（2）在翻牌圈将你的听牌张数乘以4，或者在转牌圈将其乘以2。

（3）计算结果就是你的大致权益。

这个方法有效是因为牌堆中有50张牌，所以每张听牌约增加2%的权益。

示例：对手在翻牌圈全压，而你有一个黑桃花色听牌。

牌面：A♠ 6♠ 8♦

手牌：K♠ J♠

你有9张听牌：2♠ 3♠ 4♠ 5♠ 7♠ 8♠ 9♠ T♠ Q♠

因为现在是在翻牌圈，9×4 = 36

你大约有36%的权益。

这个计算方法对你有什么帮助呢？

可以计算你的底池赔率。你只需要33%的权益（你实际有36%的权益，明显高于33%）就能保本（你冒着失去一个底池的风险去赢两个底池），而你实际赢的概率比这更高。所以这个听牌明显要跟注！

虽然这个方法对于快速估算听牌的权益很有用，但它并不完美。如果翻牌圈的下注不是全压，那么你可能还需要在转牌圈面对另一个下注；还有可能你的对手在诈唬，所以你会有更多的权益；也有可能并非所有的听牌都是干净的（例如，在上述示例中，如果对手有AA，那么8♠会让对手形成葫芦），如果你击中了听牌，后续可能还会投入更多的筹码。尽管如此，四二法则是一个在打牌时很有用的工具。

这个便捷工具最好用于面对全压并持有听牌时。

第七章

作出正确的决策

对1次就能对10000次！德州扑克获胜的秘诀就是不断作出正确的决策。

○ 把问题分类

○ 翻牌前问题

○ 翻牌前构建范围的思维模型

○ 筹码量、筹码量，还是筹码量

○ 如何记忆表格

○ 进攻问题的解决

○ 选择下注手牌类型的基本原则

○ 挑选强牌的注意事项

○ 过让中等牌的注意事项

○ 挑选诈唬组合的注意事项

○ 防守问题的解决

○ 分担防守负担

○ 多人底池停止全范围下注

○ 过牌加注

把问题分类

了解了那么多游戏理论，我们该怎样在实战中作出正确的决策呢？我们首先要把我们遇到的问题分类，然后作出相应的决策。

从大类来说我们会遇到三类问题：翻牌前问题、进攻问题（在下注和过牌之间做选择）和防守问题（在跟注与弃牌之间做选择）。

接下来我们试举几例，看看大家能不能把理论整合使用。

翻牌前问题的解决

在AI时代，翻牌前问题的最主流解决方案是查询成熟的解算表格。专门研究翻牌前问题的AI公司会依据其庞大的算力把不同游戏类型的解算结果全部呈现出来，然后拿到市场上来卖。这种普通人难以获得的强大算力让其计算精确度较高，我们在非特殊情况之下难以质疑。现在市面上大概有3~5家公司的比较成熟的翻牌前范围计算表格在

第七章
作出正确的决策

售卖，每年会因为算力的更新去更新表格，会有一点点微调，每家公司也会因为算力与基础设置不同，所提供的表格有一些细微的差别，但差别不大。

总的来说，翻牌前问题我们需要以查询表格为主来解决。如果你玩的游戏有一些特殊的规则或者其他人的开池尺度与GTO相去甚远，你可以考虑自己去用软件跑更适合你自己的翻牌前表格，这种情况我比较推荐Simple preFlop这个软件，但是它对计算机配置要求比较高，跑的时间比较长。如果你玩的游戏类型较常规，还是推荐你去直接购买成熟的表格。国外AI公司的表格比较贵，很多都要上万元，但是相信我，买比你自己跑要省钱得多，你自己跑花的电费都不止这么多。

当然对大部分爱好者来说，不需要那么精确的范围表格。我会赠送一个我自己总结的范围表格，基本上能够满足大部分情况下的日常使用（添加客服微信号dzbest888索要）。

我自己总结的表格样式如下所示（部分展示）。

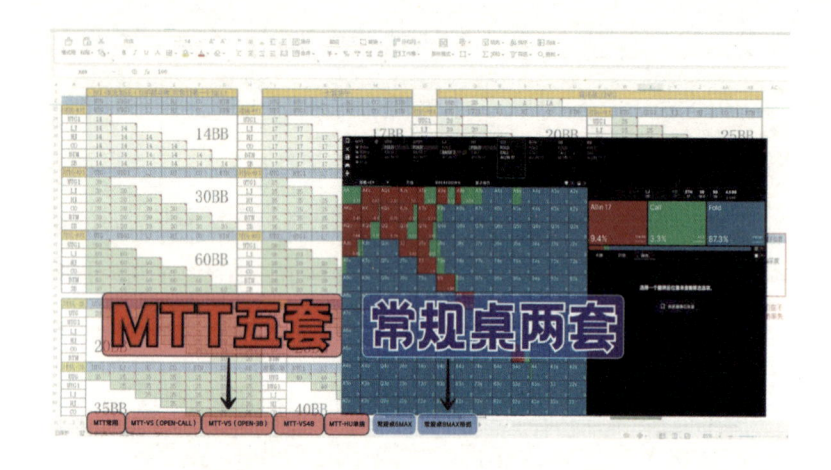

锦标赛翻牌前问题

解决锦标赛翻牌前问题一直是很困难的，由于参赛者获得的奖金来源于比赛名次而不是场上筹码，因此即使是相同的博弈关系，不同的阶段计算出的翻牌前范围也不一样。一般来说，比赛前期还离进奖励圈甚远时，我们可以简化成筹码输赢来查询表格。越到比赛后期，越需要考虑奖金跳跃的因素去进行游戏。

解决这个问题的软件主要有两个，第一个是ICMIZER，它可以完成要么全压、要么弃牌时所有需要考虑奖金跳跃情况的翻牌前范围计算。

第七章
作出正确的决策

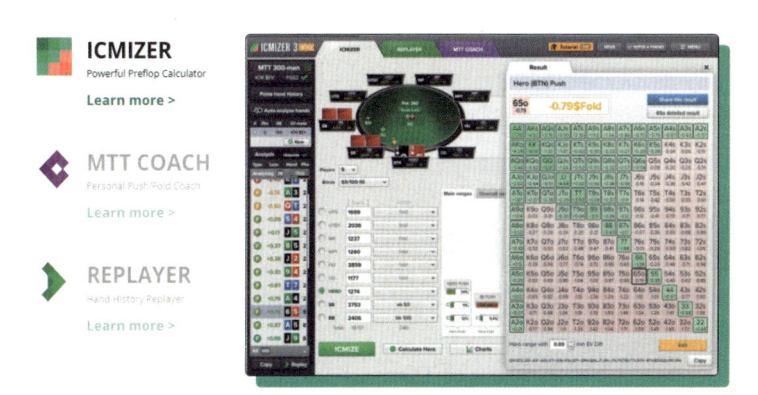

ICMIZER官网截图

当筹码没那么短,不能只考虑要么全压要么弃牌时,我们就需要更强大的软件来计算翻牌前范围,这就是近几年被广受推崇的HRC Pro。

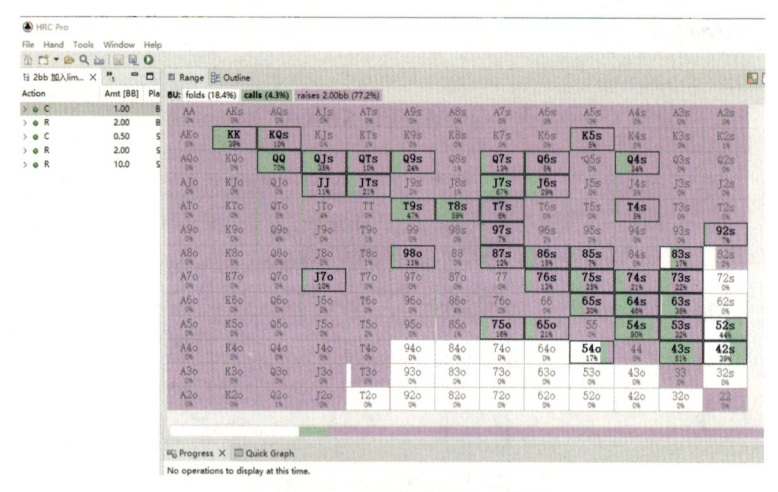

HRC Pro主功能界面截图

研究这两种软件的使用方法需要花蛮长的时间，但如果你要成为锦标赛高手，这是必须要做的事情！

翻牌前构建范围的思维模型

1. 确定博弈关系

博弈关系包括位置、筹码量、前位下注情况等。

2. 确定我们范围的几项性选择：弃牌、平跟、加注、全压等

以率先加注（Raise First In，RFI），即翻牌前第一个

第七章
作出正确的决策

入池并加注为例。

- 两项性选择：全压与弃牌，加注与弃牌。
- 三项性选择：加注、全压、弃牌，加注、平跟、弃牌，全压、平跟、弃牌。
- 四项性选择：弃牌，平跟，加注，全压。

庄家筹码量

- 小于等于10BB时：两项性选择——全压与弃牌。
- 大于等于25BB时：两项性选择——加注与弃牌。
- 10BB~25BB时：两项至三项性选择，随着筹码量增加，全压范围逐渐变小，直至消失成两项性选择（加注与弃牌）。

3. 确定范围的极化程度

- 在两项性选择（加注与弃牌）中，加注是线性的。
- 在三项性选择（加注、全压、弃牌）中，全压和弃牌是线性的，加注是极化的（顶尖牌力和接近弃牌的牌力）。
- 在三项性选择（全压、平跟、弃牌）中，全压和弃牌是线性的，平跟是极化的。

全压之所以是线性的，是因为全压是博弈关系的结束（加注与平跟是博弈关系的开始），不需要考虑范围的平衡，对手无法剥削我们，我们考虑的是赔率与胜率问题。

若全压是极化的，会导致加注是线性的，对手能够剥削我们（因为我们加注范围有上限）。

4. 确定全压范围（用软件跑出结果）

在三项性选择中，因为全压是线性的，所以先确定全压范围。制定策略时线性范围比极化范围更容易。

5. 挑选手牌

找出分界点手牌，例如，在两项性选择（加注与弃牌）中，牌力大于分界点的牌则加注，反之则弃牌。

筹码量、筹码量，还是筹码量

问题： 所有人弃牌到我，我在庄位拿到J3s应该怎么打？

A. 加注　B. 弃牌　C. 跟注

答： 这是很多学生问过我的问题。如果你看到这个问题时无论是选A、B还是C，你都错了。

研究一手牌应该怎么打，最重要的因素是游戏类型与筹码量。我们以锦标赛前期为例，不同的筹码量，我们的游戏策略是完全不同的。

第七章
作出正确的决策

我们可以看下图，在25BB有效筹码深度时，拿到J3s应百分之百弃牌。

25BB，BTN的策略

当筹码量达到30BB时，拿到J3s既可以加注，也可以弃牌。这时候我们就可以根据实际情况、对对手的阅读（read）和自己的游戏风格去进行选择。

■ 加注   ■ 弃牌

30BB，BTN的策略

第七章
作出正确的决策

由于庄家有绝对的位置优势，筹码越深位置优势越大，所以在筹码更深的时候当然应该加注这手牌。

■ 加注　　■ 弃牌

40BB，BTN的策略

由此可见，考虑筹码量是决定翻牌前游戏策略时绝不可或缺的环节！

与高手单挑

问题： 你在打EPT（欧洲扑克锦标赛）主赛事，已经和顶尖玩家Sam Greenwood进入单挑，他只剩下10BB，你在庄位筹码量为80BB时拿到KJs，你认为下面哪一个动作最优？（翻前策略）

A. 平跟　B. 加注到2BB　C. 加注到3BB　D. 全压

答案： A

解析：

（1）和多人桌不同，在单挑时小盲即是庄位，因此10BB的小盲游戏策略与多人桌不同。

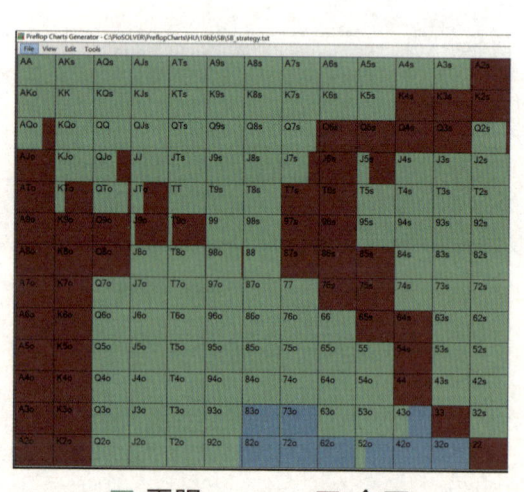

单挑，10BB，小盲（有位置优势）策略

第七章
作出正确的决策

[表格图:Preflop Charts Generator - C:\PioSOLVER\PreflopCharts\10bb-mtt\SB\SB_strategy.txt]

■ 平跟　　■ 全压

多人桌，10BB，小盲（没有位置优势）策略

（2）在对抗顶尖玩家时既不要恐惧害怕，也不要轻敌，应当完全按照表格中的GTO策略执行，保证自己绝对平衡和在策略上不吃亏。

如何记忆表格

在教学的过程中，我发现记忆这些翻牌前范围困扰了很多学生。记不住，背不下来，太烦琐，实战时对手有不同的倾向性，这些都是困扰我们制定翻牌前策略的因素。那么怎么更好地学习翻牌前范围呢？给大家分享我的经验。

1. 记熟最常见的博弈关系

试着把你游戏中最常见的翻前抉择情况罗列出来，再选择20个最常见的情况，请务必熟记这些情况的表格。

2. 努力理解逻辑

你记住了最常见的情况，其他情况无非是这些情况的变种。努力理解这些游戏策略不同的逻辑——筹码量、位置、对手范围，它们的变化以及是怎么影响策略变化的。努力掌握逻辑而不要死记硬背。

3. 在实战复盘中记忆案例

每当你在实战中犹豫不决或者蒙受重大损失时，可以回过头来去审视自己有没有在翻牌前犯错。这时候顺带记忆此种情况的表格绝对事半功倍！

4. 根据对手情况微调策略

很多人记忆了表格以后遇到不同的对手会制定不同

第七章
作出正确的决策

的策略，与原先记忆的表格差距过大。以我的经验来看，这样做是要冒很大风险的。翻牌前策略与翻牌后不同，其计算逻辑过于复杂，根据对手情况策略可调整的程度也较低，一旦调整，将牵扯所有牌面翻牌后三条街的变化，对大部分玩家来说难度大、易出错。因此我建议遇到不同的对手微调表格即可，努力在翻牌后调整策略碾压他而不是在翻牌前。

进攻问题的解决

在下注与过牌间做选择时，需要应用多种思维模型，制定当前范围的整体策略，确定范围的下注频率、下注尺度。在大部分情况下，应从以下策略中挑选：

- 全频小注。
- 高频小注。
- 低频重注。
- 高频轻重注结合。
- 低频小注。

确定了策略后，就知道自己手牌选择的可能性，把解答题变成选择题。例如：

- 如果全频小注，不用考虑手牌就可以下小注。
- 如果高频小注，需要判断自己的手牌适不适合过牌。
- 如果低频重注，要看自己的手牌是否有最佳价值或可以进行诈唬。

制定策略与挑选手牌同样重要，前面主要讲解的是制定策略的一些理论。

- 权益决定频率理论可以帮我们确定下注频率。
- 下注规模理论可以帮我们确定下注尺度。
- 下注的局部优势理论有助于我们考虑需不需要轻重注结合。

接下来讲一些挑选手牌的原则。

选择下注手牌类型的基本原则

在GTO策略发展的萌芽期，著作《1%扑克精英》给了我们一个最基本的挑选手牌的逻辑。

下注时，你想要的范围是极化的。你希望下注范围里要么是强牌和价值手牌，要么是可以诈唬的牌。有摊牌价值的中等牌力的手牌一般都会考虑过牌。两极化是很正确

第七章
作出正确的决策

的策略，因为你要将自己全部范围的价值最大化。一旦你的下注被跟注，通常诈唬牌和中等牌力的手牌都会输。如果你用中等牌力的手牌下注、用诈唬牌过牌，就永远赢不了一个便宜的摊牌。而如果你用诈唬牌下注、用中等牌力的手牌过牌，偶尔还能便宜地赢下底池。这种做法能将你全部范围的手牌价值最大化。

强牌	中等牌	诈唬牌
✓ 下注	✓ 过牌	✓ 下注
赢取价值	赢一些便宜的摊牌	赢一些诈唬

强牌	中等牌	诈唬牌
✗ 过牌	✗ 下注	✗ 过牌
赢取价值	被跟注时输（永远得不到价值）	永远输

总的来讲，任何下注你都应该用强牌和诈唬牌下注，用中等牌过让。

在大部分情况下，范围的极化程度在翻牌时较小，在河牌时最大。

范围的极化程度在下小注时较小，在下大注时较大。

挑选强牌的注意事项

（1）不要忽略范围维度的策略而直接挑选手牌！先定下注频率和尺度，再根据需要去挑选手牌。

（2）假设不是用范围的百分之百下注，除非在河牌圈处于有利位置，否则都需要埋伏一些超强牌来保护自己的过牌范围。

（3）下大注时应尽量挑选不阻挡对手主要跟注组合的手牌，如在A72的牌面中尽量选择77、22这类不阻挡A的手牌。

（4）价值下注一定要有明确的价值取向，明白对手跟注范围中的什么牌是比你小的，这一点很重要。如果你的下注找不到价值取向，那么就永远不要去下注。

（5）下注不能仅仅为了获取信息，定位自己的牌是大是小，是下注后带来的结果，而不是下注的目的。

第七章
作出正确的决策

过让中等牌的注意事项

（1）不要忽略范围维度的策略而直接挑选手牌！在过让中等牌时，应先明确过牌的频率，再根据需要去挑选手牌。

（2）最适合过让的中等牌是既没有价值取向，又拥有最大摊牌价值的牌。

（3）挑选过让的中等牌也需要考虑阻隔效应，比如自己的踢脚会不会阻挡对手的同花听牌。

（4）尽量挑选那些会保留自己主导范围的牌去过让。

（5）比较强的听牌比较适合过牌，因为当你下注，对手再加注回来时，你较为痛苦，而且过牌能保留对手比你小一点点的听牌，让你在后面圈次获得更大的价值。

（6）有没有后门花是判断是否过让的重要指标。至于是否过让有后门花的牌要看具体情况。重点关注对手那些主导你和被你主导的后门花组合，对比下注和过牌的优劣，更加细致地作出决定！

挑选诈唬组合的注意事项

（1）不要忽略范围维度的策略而直接挑选手牌！在挑选诈唬组合时，应该先确定诈唬的频率，再根据需要挑选！这十分重要，一手牌即使特别适合诈唬，如果策略层面不需要，也不应当去诈唬。

（2）在翻牌和转牌时挑选诈唬组合的总原则是：不听死，不浪费。

（3）在河牌挑选诈唬组合的总原则是：最大化阻挡效应。

（4）越靠近河牌，下注尺度越大，越应该多考虑阻挡效应对诈唬组合选择的影响。越靠近翻牌，下注尺度越小，越应该考虑手牌本身的可游戏性。

（5）在翻牌和转牌时，永远不要拿听死的牌下注（除非百分之百下注）。要让自己的下注永远保持两种获胜方法，即对手弃牌，自己听牌完成。

（6）如果听牌的下注一旦被加注回来，就变得进退失据，甚至被迫弃牌，那么用这个牌来下注就浪费了自己的听牌胜率。尝试挑选更合适的听牌组合进行下注，以此来补全应有的下注频率。

第七章
作出正确的决策

（7）在挑选诈唬组合时，把握好自己的听牌强度最为重要。多观察软件在不同牌面挑选诈唬组合的逻辑会帮助你走得更远！

下面举几个小例子来帮助你理解进攻的逻辑。

下注频率

问题：【六人常规桌，100BB】

你在CO位开池2BB，庄位跟注，盲位弃牌。

平均来说，你在翻牌圈持续下注（C-Bet）的频率应该是多少？

A：100%

B：70%

C：30%

D：0

答案： C

解析：

这道题考查你制定下注频率的能力。权益决定频率。在CO对BTN的博弈关系中，BTN有位置优势且是知道CO加注以后才选择进池的，因此BTN更有优势。在CO位置的玩家应该低频下注。

有权益时

问题： 如下图所示，在锦标赛前期，100个大盲的筹码深度，你在庄位开池，对手在大盲位跟注。翻牌发出K72，对手过牌，你应该采用何种策略？

A. 高频小注

B. 低频小注

C. 高频重注

D. 低频重注

答案： A

解析：

在这个最常见的博弈关系中，你拥有范围优势，范围的胜率达到了55%以上，所以应该高频下注。

在这个博弈关系中，虽然你有坚果优势，但是牌面极其干燥，下重注并不会让对手多弃掉牌有什么价值，所以重注频率并不高。

第七章
作出正确的决策

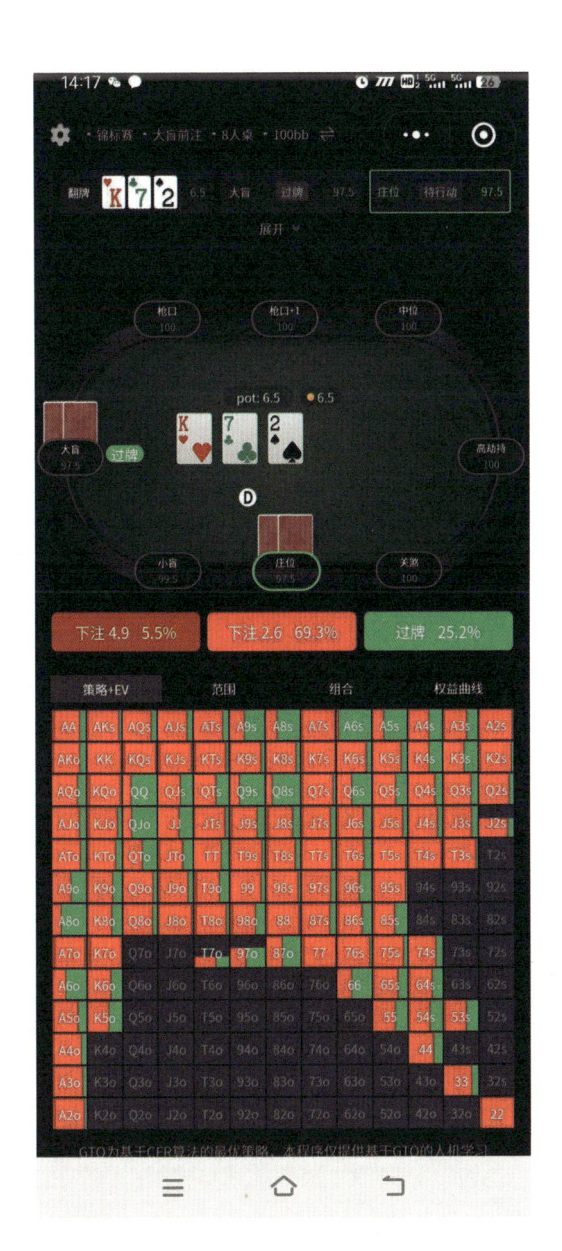

以上是手机小程序"简单GTO"给出的计算结果，可以加我们的客服微信号gto2050免费送一天体验。

翻牌后

问题：翻牌后单挑局面，在某个牌面，双方下注频率与尺度的关系，以下说法正确的是：

A. 哪边范围的权益优势越大，哪边下注频率应越高；哪边范围的坚果优势越明显，哪边越应下轻注。

B. 哪边范围的权益优势越大，哪边下注频率应越低；哪边范围的坚果优势越明显，哪边越应下重注。

C. 哪边范围的权益优势越大，哪边下注频率越低；哪边范围的坚果优势越明显，哪边越应下轻注。

D. 哪边范围的权益优势越大，哪边下注频率应越高；哪边范围的坚果优势越明显，哪边越应下重注。

答案：D

解析：

这是现代扑克的基本认知，可以参考权益理论和下注的规模理论。

第七章
作出正确的决策

防守问题的解决

防守问题是指在跟注与弃牌之间做选择的问题。同样，也需要先在策略上确定自己的防守频率，再挑选合适的手牌去跟注。解决防守问题的思路如下图所示。

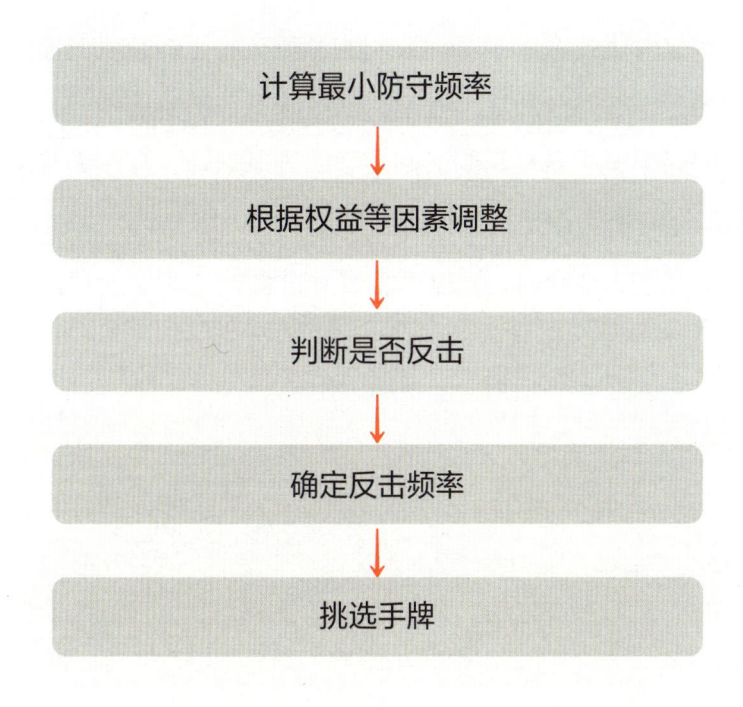

```
计算最小防守频率
      ↓
根据权益等因素调整
      ↓
   判断是否反击
      ↓
   确定反击频率
      ↓
     挑选手牌
```

分担防守负担

在德州扑克中，我们使用最小防守频率（MDF）来计算某个玩家需要防守多宽范围才能防止其他玩家进行有利可图的诈唬。

考虑一下，如果我们在多人底池时进行底池大小的诈唬会发生什么？为了让我们的诈唬有利可图，我们需要用至少50%的时间拿下底池。这意味着在单挑底池时，我们的对手至少有一半的时间需要防守。然而，在多人底池时，防守的负担是被分担的！

在多人底池时，通过下注拿下底池所需要的总弃牌率=玩家1弃牌率×玩家2弃牌率×玩家3弃牌率……

每个玩家的平均弃牌率如下图所示。

第七章
作出正确的决策

$$\text{平均弃牌率} = \sqrt[n]{a} = \sqrt[n]{\frac{S}{S+1}}$$

$$a = S/(S+1)$$

$$S = 下注量/底池量$$

$$n = 防守玩家的数量$$

在实践中，结束行动的玩家往往比在他之前的玩家承担更大的防守份额。因为他的跟注不会引来再次加注，这使得结束行动的玩家的防守策略可以更加有利可图。

然而，我们可以使用上面的简化方程来证明多人底池时的策略差异。

下图显示了每个玩家应对不同下注尺度的最小防守频率。

德州扑克 自学一本通

		MDF							
		1	2	3	4	5	6	7	8
下注尺度	10%	91%	70%	55%	45%	38%	33%	29%	26%
	25%	80%	55%	42%	33%	28%	24%	21%	18%
	50%	67%	42%	31%	24%	20%	17%	15%	13%
	75%	57%	35%	25%	19%	16%	13%	11%	10%
	100%	50%	29%	21%	16%	13%	11%	9%	8%
	150%	40%	23%	16%	12%	10%	8%	7%	6%
	200%	33%	18%	13%	10%	8%	7%	6%	5%

我们可以看到，相比于单挑底池，在多人底池时防守方可以大幅度降低自己的防守频率。从结果来看，也就是说面对下注我们只需要用范围中的大牌防守，这样防守会更容易，也会给我们的对手在后面圈次的游戏带来更大的困难。

因此，请记住多人底池时防守频率的分摊原理，避免过度防守！

多人底池停止全范围下注

全范围下注是指在某个特定牌面中，用100%的频率下注所有的手牌组合，通常下注尺度很小。

这种策略在单挑底池时很常见，但在多人底池时这样做通常会输得很惨。

全范围下注的前提是，一方拥有压倒性的范围优势，

第七章
作出正确的决策

即使下注任意两张手牌,对手也被迫超额弃牌。然而,在多人底池时,对手根本没有义务防守得很宽。

因此,为了改进多人底池策略,我们可以作出的最简单的改变是停止全范围下注。我们要更频繁地放弃垃圾牌,提高我们的价值下注门槛,中等牌更多地选择过牌并力求摊牌。

过牌加注

过牌加注是德州扑克中极其重要和困难的技术,大部分玩家过牌加注得太少。过牌加注频率过低的坏处有如下几个:

(1)在不利位置时更多地与对手纠缠。

(2)对手在有利位置时更加从容。

(3)我们范围中的强牌损失了价值。

(4)我们范围中的中等牌过于被动。

很多人过牌加注频率太低的原因是觉得自己处在防守状态,没有权益和坚果优势,应该更被动地玩牌。实则不然,我们可以把过牌加注拆分成两个动作。

(1)过牌跟注。

（2）在底池中下注。

基于上文所说的，我们需要一定的防守频率来避免对手百分之百诈唬获利。因此不管对手下注多少，我们需要一个防守范围，这个范围中的所有牌必须防守对手，至少要过牌跟注。

当我们确定了防守范围后，由于已经弃掉一部分牌，实际上我们的权益与坚果劣势大大被弥补。基于这个结果，再让我们选择是否下注，我们多半不会百分之百过牌了。在跟注后的底池中下注实际上就是做了一个过牌加注。

特别要注意的是，过牌加注频率与位置关系甚大！

当我们处在不利位置的时候，通常不愿意把战火拖延到后面圈次，因此需要更多地过牌加注。在我十几年的研究中，我的印象里AI软件从来没有给出过在翻牌圈处于不利位置时不过牌加注的建议。

当我们处在有利位置时，则可以不用那么着急，越拖到后面圈次我们的位置优势就越被放大。很多时候有位置的玩家面对两极分化的下注范围，都不过牌加注。

判断当前情况的过牌加注频率是德州扑克游戏中极为困难的，却也是极能体现水平差距的。大家要多多训练，

第七章
作出正确的决策

多多思考，才能掌握过牌加注这一利器。

问题：在100BB的有效筹码深度，你在大盲位面对庄位加注，以下哪个牌面需要在翻牌圈更多地过牌加注？

A. 高牌干燥面

B. 公对面

C. 天花面

答案：B

解析：

公对面是八大牌面中最不容易击中范围的牌面。对庄位来说，翻牌前的优势保持到了翻牌，所以应该高频甚至全频下注。

对大盲位来说，虽然权益很差，但是通过降低防守频率已经部分弥补了权益劣势。而且，公对面是大盲位坚果劣势最小的牌面，在大部分情况下自己范围中的明三条组合不比对手少。

由于对手下注最多是空气牌（非常弱的牌），自己的坚果劣势最小，这让公对面成为八大牌面中在翻牌圈攻防最激烈的牌面，防守方可以多过牌加注来降低位置劣势。

第八章
继续学习研究的建议

正确通过对更多书籍的学习与相关软件的应用可以高效提升自己的技术。

○ 有关德州扑克的书籍
○ 有关德州扑克的频道
○ 有关德州扑克的软件

截至目前，你已经基本掌握了玩德州扑克所需的基本知识，想要继续深入学习的话，我可以给你推荐一些其他书籍和资源。

有关德州扑克的书籍

推荐指数 ★★★★★

《德州扑克十年理论波动》深入剖析了德州扑克这一游戏的本质，从哲学的视角揭示了其真正的内涵。书中探讨了相关概念与理论在游戏发展历程中的波动，以及针对这些波动的应对策略。通过正确认识和理解德州扑克的不确定性，读者能够从更高的维度理解游戏的变幻无常和乐

第八章
继续学习研究的建议

趣。无论是初学者还是经验丰富的玩家，都能通过书中提供的科学方法和理性决策，最大化长期收益，提升胜率和稳定性。

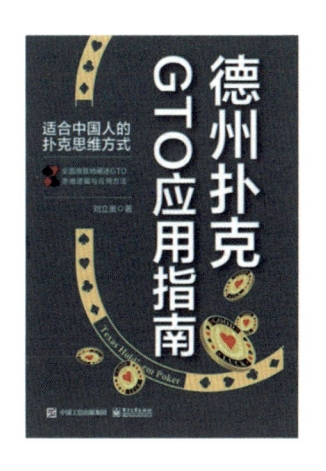

推荐指数 ★★★★★

《德州扑克GTO应用指南》详细讲解了德州扑克中最优策略（GTO）的理论与实践。书中涵盖了范围构建、下注频率、权益计算等关键概念，通过具体案例和模拟分析，帮助玩家理解并应用GTO策略。比较适合已经基本入门但是想要通过学习GTO等策略，科学提升自己的技术水平的玩家，在游戏中实现平衡与发挥优势。

德州扑克 自学一本通

推荐指数 ★★★★

《德州扑克小绿皮书》是一本经典的德州扑克基础入门指南，专为初学者和中级玩家而设计。书中详细介绍了游戏策略和技巧，包括手牌选择、位置的重要性、下注策略和读牌技巧等核心内容。尽管这本书的出版已经有些年头了，但仍是许多玩家入门学习的首选。然而，读者也需要注意，书中的部分内容可能已经被新理论所代替。

第八章
继续学习研究的建议

推荐指数 ★★★★

《德州扑克入门与提高》是一本面向初学者和中级玩家的入门指南。书中深入讲解了德州扑克游戏的思考方法，包括对对手的阅读、期望值计算和筹码管理等技巧，讨论了在翻牌前、翻牌后和短筹码情况下游戏的技术。翻牌前技术涵盖概率、危险牌、打法等内容，而翻牌后技术则包括针对不同阶段的行动和打法。本书还介绍了在短筹码情况下的区域系统、全压时机以及不同比赛阶段的打法，并且提供了相关练习。

德州扑克 自学一本通

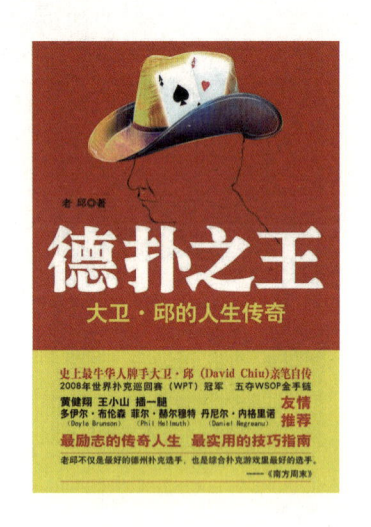

推荐指数 ★★★★★

《德扑之王：大卫·邱的人生传奇》是大卫·邱的首部自传作品，详细讲述了他作为一名德州扑克选手的传奇人生经历。出生于中国广西南宁的他，1978年移居美国，在寄宿家庭打工和经营中餐馆期间，偶然接触到了德州扑克。他通过不懈努力和坚守信念，逐渐成为德州扑克圈的传奇人物，赢得了世界冠军的荣誉。通过这本书，读者不仅可以了解他个人的故事，也得以窥见德州扑克世界一斑。

第八章
继续学习研究的建议

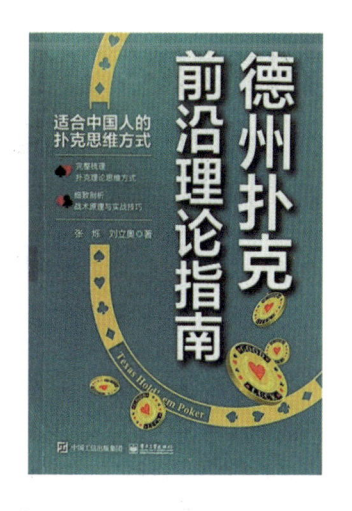

推荐指数 ★★★★

《德州扑克前沿理论指南》深入探讨了玩家在学习德州扑克时面临的最大困惑：如何判断自己的打法是对还是错？通过对最新、最前沿的理论概念分析，作者揭示了德州扑克不仅仅是一种运气游戏，更是一项复杂的智力竞技运动。这本书并不适合初学者，因为它涉及更高级和前沿的GTO策略的内容。如果你已经对GTO有了一定的了解，正处于提升阶段的迷茫期，这本书将为你提供新的启示和挑战，帮助你更深刻地理解和掌握德州扑克的精髓。

德州扑克 自学一本通

POKER'S 1%
The One Big Secret that Keeps Elite Players on Top
ED MILLER

推荐指数 ★★★

不同于普通的德州扑克基础书籍，《百分之一扑克精英》从根本上改变玩家对游戏的认知方式，是GTO思维启蒙阶段的佳作。本书从投资学的角度，强调对数据的信任和坚持态度。书中通过视觉化方式解析枯燥的概念，深度剖析了游戏本质，运用数学解决常见牌局动作的选择。这本书是一个高阶教程，它提供了一个大方向上的方法论，使玩家能够在面对强大对手时游刃有余。

第八章
继续学习研究的建议

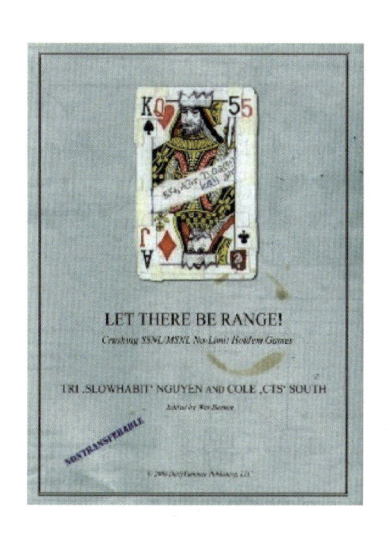

推荐指数 ★★★★

《范围之战》旨在帮助读者从更深层次理解德州扑克。作者以自身经验为基础，用一种易于理解的方式讲解了德州扑克的核心思维和策略。通过阅读本书，读者或许会发现，通过理性的决策和正确的思维，赢取游戏的胜利并不是一件艰难的事。作者以数字实例阐释了在不同局势中的潜在收益并提供了实用的技巧和策略，使读者能够更好地将其应用于实战中。

德州扑克 自学一本通

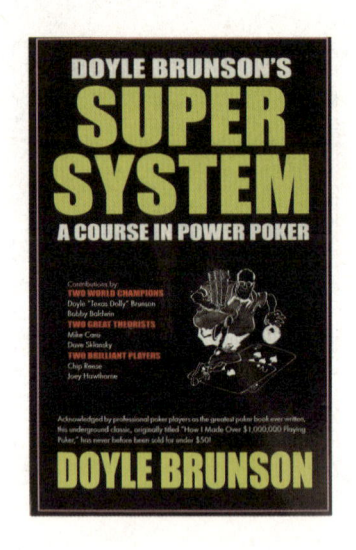

推荐指数　★★★★★

《超级系统》由两届世界冠军道尔·布朗森（Doyle Brunson）和五位顶尖扑克专家合著。本书深入探讨了无限注德州扑克、有限注德州扑克、七张牌梭哈等扑克游戏的策略和技巧，凝聚了世界顶级扑克选手和理论家们超过10 000小时的智慧和经验，其内容之广泛和价值之高至今无出其右。对想要提升自己扑克水平的玩家来说，这是一本必读的经典之作。

第八章
继续学习研究的建议

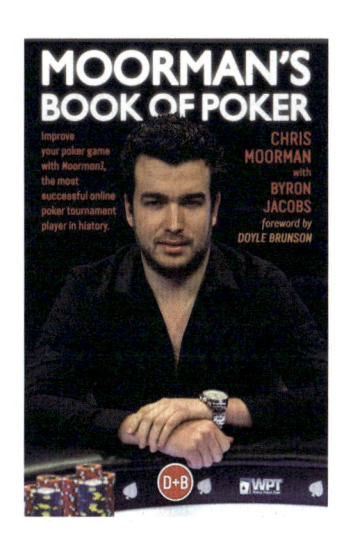

推荐指数 ★★★

《玩转MTT》是一本独特且极具价值的扑克书籍，由世界知名扑克玩家Chris Moorman与Byron Jacobs合著。书中，Chris通过对Byron这位典型的中等风险水平玩家的80手历史手牌的深入分析，采用辅导形式，为读者详细解释了如何跨越从中低风险水平玩家到专业水平玩家的鸿沟。Chris以他多年的经验，提供了清晰的策略和思维过程，是中低风险水平玩家提升自我、迈向更高层次的必读之作。书里的牌例理解起来较为困难，建议有较高水平的玩家想要进阶时阅读。

德州扑克 自学一本通

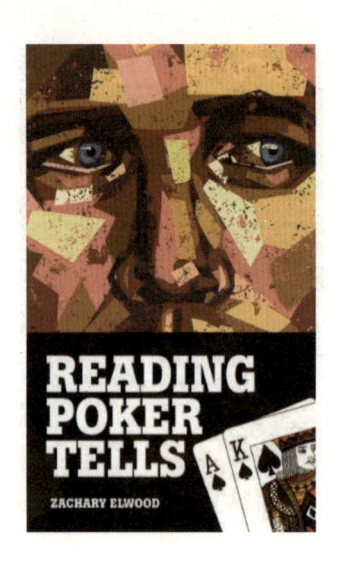

推荐指数 ★★★★

《别对我说谎》是广受赞誉的扑克读心术图书。本书教你如何像职业扑克玩家那样，分析对手的面部表情、身体姿态、肢体动作和言语陈述。它除了详细讲解最常见的扑克读心术，还提供了一个思维框架，帮助你理解和记住这些读心术。同时，它还包含了关于扑克心理学、操纵对手的方法以及如何让自己难以被对手读懂的技巧。本书自出版以来便被众多扑克玩家广泛认可，视其为该领域的最佳著作之一。

第八章
继续学习研究的建议

♟ 有关德州扑克的频道

Bilibili（哔哩哔哩，B站）：教练说德州

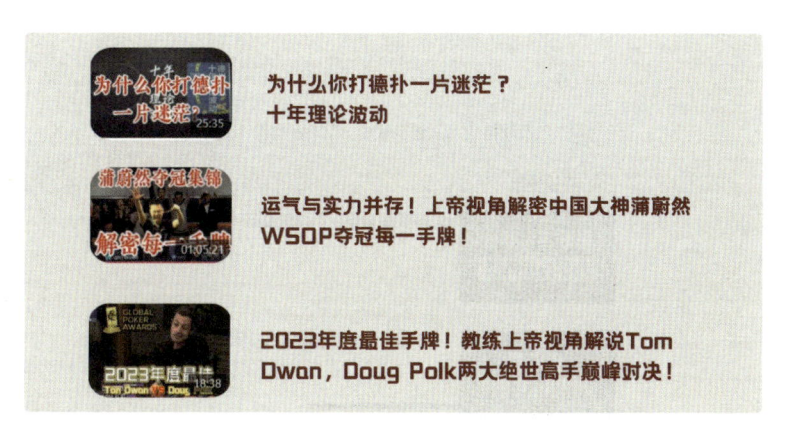

为什么你打德扑一片迷茫？
十年理论波动

运气与实力并存！上帝视角解密中国大神蒲蔚然WSOP夺冠每一手牌！

2023年度最佳手牌！教练上帝视角解说Tom Dwan, Doug Polk两大绝世高手巅峰对决！

德州扑克 自学一本通

Bilibili（哔哩哔哩，B站）：千算Poker

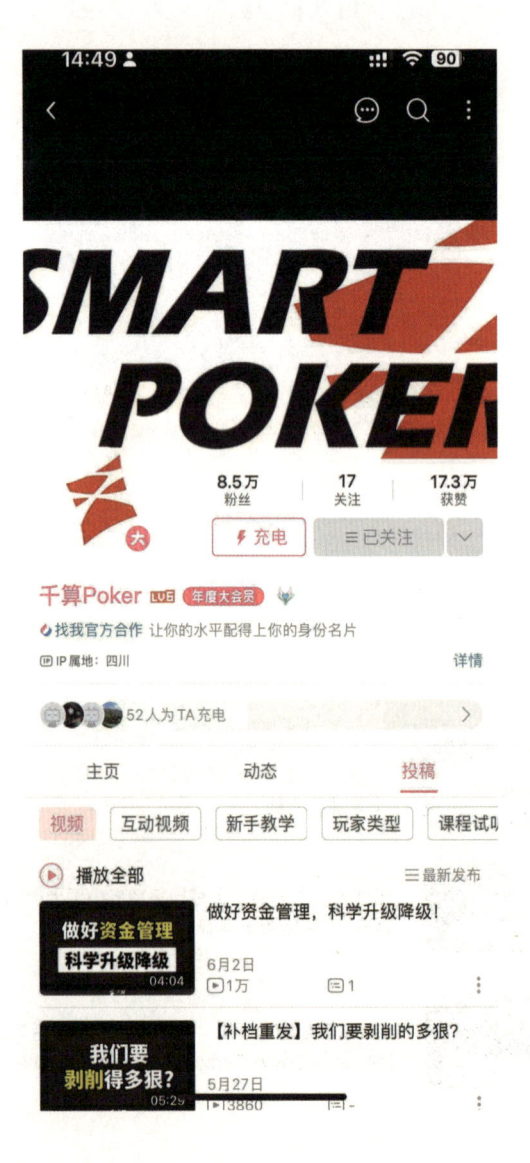

第八章
继续学习研究的建议

德州扑克到底在比什么？

【互动视频】德州扑克大闯关，看看你能得几分！

【合集建议收藏】| 包教包会的德扑基础概念

有关德州扑克的软件

ICMIZER

ICMIZER是全球数千名扑克玩家钟爱的、经过时间考验的纳什均衡计算器。它利用扑克ICM理论、尖端的FGS模型和基本的ChipEV模型，提供了一系列工具，用于优化你的翻前/推牌策略。

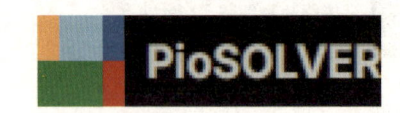

PioSolver

PioSolver是一款扑克求解器，为玩家提供深入分析和优化策略的工具。其惊人的性能和丰富的学习功能使你能够轻松地理解最佳决策，并且对范围、策略和对手行为进行详细分析。易于使用的界面和可灵活定制的选项使其适用于各种水平的玩家。

Simple Postflop

一款专业的德州扑克求解器，功能与PioSolver类似，中文界面和更简便的操作是它的优势，可用于分析和优化翻牌后的游戏策略。它采用先进的数学算法和计算机模拟技术，能够计算复杂的扑克场景下的最佳决策。Simple Postflop可以帮助玩家确定在不同的局势中的最佳行动，包括手牌范围、下注大小、激进程度等。该软件还提供了直观的用户界面和丰富的分析工具，使玩家能够深入了解每个决策的合理性和结果。

第八章
继续学习研究的建议

简单GTO

国内使用感最好的GTO软件之一，由中国团队自主开发。它有小程序和独立App两种选择，相较于传统的PC端软件更加小巧精致。该工具使用先进的数学模型和算法，帮助玩家在各种扑克场景下作出最优的决策，包括多种游戏类型的翻牌前、翻牌后策略。特点是上手简单，易用性强，计算结果较为快捷准确。可以根据玩家输入的数据，计算出最佳策略，是一种高效、准确的扑克决策辅助工具。

我本人也参与了其研发与推广工作，想要免费体验的话可以加客服微信号gto520。

HRC

HoldemResources Calculator（HRC）是一款功能强大的扑克计算工具，具有多项突出特点。它通过先进的锦标赛后期游戏、不同类型的多桌锦标赛ICM模型的查看模式，为扑克玩家提供了全面的解决方案。HRC支持深入分析各种情景，帮助玩家提升决策水平，在锦标赛奖金跳跃情况下的精确分析是它风靡世界的最重要原因。它较难上手但功能强大，是想了解锦标赛复杂翻牌前策略的玩家必不可少的进阶软件。

德州扑克经典

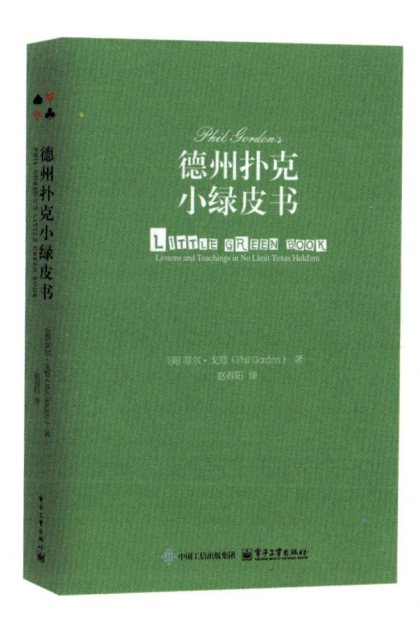

12 种语言

50 多个国家引进版权

70 万册全球销量

德州扑克小绿皮书
ISBN 978-7-121-23337-1
定价：50.00元

2004年WPT第二赛季"扑克之星"菲尔·戈登经典代表作

本书得到了包括Dave Foley、James Woods、Erik Seidel、Hank Azaria等德扑高手的推荐，且数次再版。

实战经验+德扑技巧+经典案列，堪称德扑经典。本书主要讲的是翻牌前、翻牌后，包括转河牌的玩法，是德州扑克的必读书之一。

德州扑克 GTO进阶

适合中国人的扑克思维方式

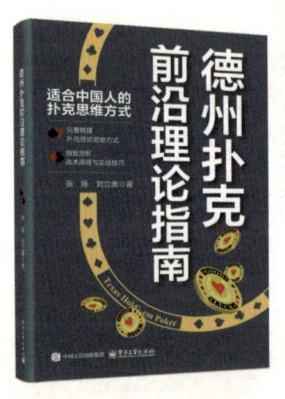

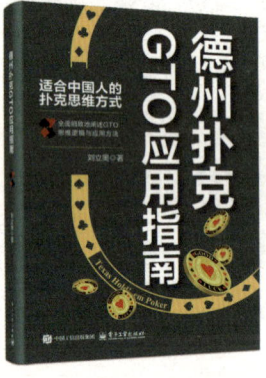

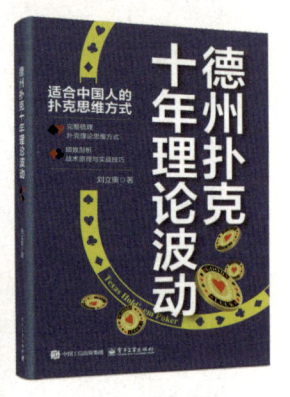

德州扑克GTO应用指南
ISBN 978-7-121-46829-2
定价：60.00元

德州扑克十年理论波动
ISBN 978-7-121-45479-0
定价：60.00元

德州扑克前沿理论指南
ISBN 978-7-121-47595-5
定价：60.00元

完整梳理扑克理论

细致剖析战术原理与实战技巧

**全面细致地阐述
GTO思维逻辑与应用方法**